Texte détérioré — reliure défectueuse

NF Z 43-120-11

Contraste insuffisant

NF Z **43**-120-14

HEURES
DE
RÉCRÉATION

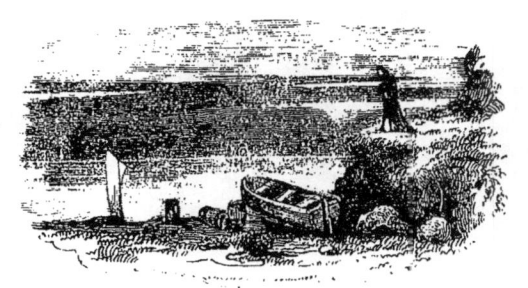

HEURES
DE RÉCRÉATION

PARIS.—IMPRIMÉ CHEZ BONAVENTURE ET DUCESSOIS,
55, QUAI DES AUGUSTINS.

LE BONHOMME RÉCIT.

Entrez, bon vieillard, entrez s'écrièrent-ils tous à l'envi.

HEURES
DE
RÉCRÉATION

PAR

MM. CHARLES DESLYS, ALFRED DES ESSARTS,
JULES ROSTAING, ETC.;

Mmes LA Ctesse DE BASSANVILLE, LOUISE LEMEVEUX,
CAMILLE LEBRUN, FANNY RICHOMME.

OUVRAGE ILLUSTRÉ DE DIX BELLES VIGNETTES

DESSINÉES PAR HADAMARD.

PARIS
LIBRAIRIE LOUIS JANET
Ve L. JANET & MAGNIN
59, RUE SAINT-JACQUES, 59.
1856

TABLE DES MATIÈRES

Le bonhomme Récit	Jules Rostaing	1
Le Déjeuner au Moulin	Csse de Bassanville	7
La Montre de Gertrude	Ch. Deslys	21
La Mare aux Follets	Louise Leneveux	41
Les Enfants de Martin Crabbe	Alphonse Duchesne	59
Le Roi de la Fève	Alfred des Essarts	79
Ma tante Ernestine	Louise Leneveux	97
Ulrich	Camille Lebrun	117
Les deux Amies	Csse de Bassanville	151
Le Théâtre en plein vent	Alfred des Essarts	171
Tregnan le Mousse	Alphonse Duchesne	193
Nanon et son Chien	Fanny Richomme	223

LISTE DES VIGNETTES

1. Le Bonhomme Récit 1
2. Le Déjeuner au Moulin 7
3. La Montre de Gertrude 21
4. La Mare aux Follets 41
5. Les Enfants de Martin Crabbe 59
6. Le Roi de la Fève 79
7. Ma tante Ernestine 97
8. Les deux Amies 151
9. Le Théâtre en plein vent 171
10. Tregnan le Mousse 193

LE BONHOMME RÉCIT

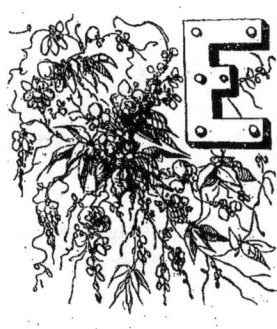ECHECS et jeu de dames que me voulez-vous? s'écria d'un ton tragi-comique Paul B***, en voyant apparaître son cousin Hugues, qui portait un damier et une boîte contenant les pièces d'un jeu d'échecs.

—Ils nous feront, suivant la coutume, passer le plus agréablement possible le temps de notre récréation : ce sont des jeux auxquels de très-grands hommes ont trouvé du plaisir.

—Et voilà le plaisir qui nous convient, dit Émile, tout fier de ses douze ans, et le plus jeune de nos personnages... Nous ne sommes plus des enfants, et nous avons bien autre chose à faire que de jouer aux billes et à la toupie... Je vais chercher mon polichinelle.

Le petit garçon se mit en quête de sa marionnette, et Paul reprit :

—Peut-être nous est-il permis, mon cher Hugues, de ne plus nous regarder comme des enfants; mais il me semble qu'avec nos quinze ans chacun, nous ne pouvons encore passer pour de bien grands hommes. Aussi, je ne crains pas d'avouer que le jeu d'échecs commence à me paraître bien sérieux.

—Préfères-tu le loto?

—Non, non, pas de loto, interrompit une jeune fille en donnant le dernier coup de pinceau à la dixième aquarelle qu'elle terminait depuis un mois. N'est-ce point assez d'y jouer tous les jeudis chez ma tante?

—Ferons-nous alors une partie d'*oie*? ma cousine Anna.

—Merci, mon cher Hugues... c'est un jeu auquel vous gagnez toujours.

—A vous entendre, il faudrait lui consacrer toutes nos récréations, répliqua une autre demoiselle qui défilait des grains de corail pour avoir l'agrément de les ranger sur de nouveaux fils.

—Quels plaisirs nous permettront-elles donc de goûter ces récréations si les amusements réservés aux grandes personnes vous paraissent parfois trop sérieux?

Personne ne répondit, parce que de l'autre côté de la grille qui fermait le magnifique jardin où se tenait cette conversation, nos jeunes interlocuteurs virent en ce moment un étranger s'arrêter ; puis, les mains appuyées sur la pomme d'ivoire d'une longue canne, promener avec envie un regard doux et complaisant sur la pelouse à demi ombragée par les grands acacias, aux pieds desquels ils s'étaient réunis.

L'aspect de cet inconnu produisait une impression dont il eût été bien difficile de se défendre et impossible de se rendre entièrement compte.

Figurez-vous un beau vieillard aux cheveux blancs et flottants sur les épaules, à la longue barbe de neige, au sourire malicieux et bienveillant, au front penché sous le poids des années qui l'ont élargi et doré, mais à la taille encore souple et droite.

Il y avait, en outre, dans le costume de celui-ci, une certaine originalité qui attirait l'attention et pouvait exciter la curiosité : c'étaient d'abord un chapeau rond avec de larges bords, une redingote noisette dont le double collet formait une espèce de pèlerine, puis un de ces longs gilets et une de ces culottes comme en portaient les pères de nos grands-pères; enfin des guêtres en cuir demi-longues complétaient cet ajustement.

—Mes amis et mes chères demoiselles, dit l'inconnu après avoir bien regardé à travers les barreaux de la grille, ne pourrais-je, pendant quelques instants, jouir aussi de la fraîcheur que vous trouvez sous ces beaux arbres, reposer mes pieds fatigués sur ce moelleux tapis de verdure où vos pas légers laissent une trace bientôt effacée, et m'enivrer du parfum de ces charmantes fleurs qui, bientôt, s'effeuilleront comme se sont effeuillés les beaux jours de ma jeunesse ?

La voix du vieillard avait un charme auquel Berthe et Emma cédèrent les premières; elles coururent vers la grille, et, réunissant leurs petites mains, elles firent tourner la grosse clef qui servait à l'ouvrir ou à la fermer.

Les jeunes gens s'empressèrent alors de venir en aide aux deux demoiselles, et la lourde porte de fer roula sur ses gonds.

—Entrez, bon vieillard, entrez, s'écrièrent-ils tous à l'envi; et ils conduisirent leur nouvel ami vers un banc de gazon, au-dessus duquel un chèvrefeuille suspendait ses festons odorants.

Lorsque l'inconnu se fut assis, il embrassa de son regard bienveillant le cercle de jeunes têtes dans lequel il se trouvait serré de chaque côté.

—Merci, mes bons amis, dit-il alors; vous n'aurez point exaucé la prière d'un vieillard ingrat. Puisse donc cette récréation, à laquelle vous ne saviez quel plaisir demander (vous voyez que j'avais entendu une partie de votre entretien), cette récréation que vous avez commencée par une bonne action, puisse-t-elle, dis-je, s'écouler pour vous agréable et rapide! Mais ne croyez pas que, pour vous remercier de votre bon accueil, je n'aie que des vœux stériles à exprimer; je possède aussi le pouvoir précieux de les réaliser. Écoutez:

—Nous écoutons! nous écoutons! répondirent les jeunes gens et les demoiselles.

Le vieillard parlait encore lorsque la cloche, qui rappelait à leurs études ses jeunes auditeurs, se fit entendre.

—Déjà!

—Ce n'est pas possible!

—Que le temps s'est vite écoulé!

Telles furent les exclamations qui accueillirent cet avertissement, dont on apprit le but au vieillard.

—Retournez au travail, qui est le repos du plaisir, dit aussitôt ce dernier: je reviendrai demain.

Et l'on se sépara avec le désir ainsi que l'espérance de se revoir bientôt.

L'inconnu tint fidèlement sa promesse; grâce à lui, la récréation parut aussi bien employée le lendemain qu'elle l'avait été le jour précédent.

Cédant aux demandes réitérées de ses jeunes amis, le digne vieillard revint ainsi pendant toute une semaine; sa présence avait le pouvoir de chasser l'ennui et de faire oublier le chagrin.

Quel était donc ce vénérable personnage, et de quelle puissance disposait-il ?

Berthe lui ayant un jour adressé la question suivante :

—Bon vieillard, de quel nom faut-il que nous vous appelions ? vous à qui nous devons plus d'instants agréables que ne nous en ont jamais donné autrefois nos jouets, et que tous les jeux du monde ne nous en offriraient aujourd'hui,—il laissa errer sur ces lèvres fines un de ces sourires qui lui étaient habituels, et répondit :

—On m'a surnommé le Bonhomme-Récit, parce que je me plais à parler de tout ce que j'ai vu dans mes longs voyages, à raconter à la jeunesse tout ce que j'ai lu et entendu qui m'ait semblé remarquable, intéressant ou agréable, depuis soixante-dix ans que j'écoute et que je lis. Le hasard m'a conduit ici, votre affabilité m'y a ramené. Je suis né dans ce pays; et j'étais bien jeune lorsque je l'ai quitté afin de visiter le monde presque tout entier que je me sentais curieux de connaître. Dieu m'a permis de revoir la demeure de mes pères, qui est voisine de la vôtre, et je suis revenu pour passer mes derniers jours sous ce toit si longtemps abandonné.

—Bonhomme-Récit! Bonhomme-Récit! s'écrièrent jeunes gens et demoiselles, soyez notre ami et visitez nous souvent, car vos paroles reposent doucement l'esprit fatigué par l'étude; et, après vous avoir entendu, nous reprenons notre travail avec une nouvelle ardeur.

Le vieillard se rendit à cette prière.

Ce sont les récits de ce fécond et savant conteur que vous trouverez en lisant ces pages. Quelques-uns de ses anciens amis, les vôtres, aujourd'hui, vont, chers lecteurs, vous les redire tels qu'ils les ont recueillis de la bouche même du digne vieillard.

Jules Rostaing.

LE DÉJEUNER AU MOULIN.

Ventre S.t Gris, ma mie, soyez sans aucune crainte dit le Roi.

LE DÉJEUNER AU MOULIN

Nouvelle historique.

'ÉTAIT par une matinée triste et pluvieuse du mois d'octobre 1590 : le brouillard couvrait le ciel, les arbres gémissaient sous le vent et l'on n'entendait pour tout bruit que le *qui vive* des sentinelles avancées de l'armée du roi Henri IV, qui alors assiégeait Paris défendu par la Ligue avec le secours de l'étranger. *Le papier pleurerait*, dit un historien du temps, si l'on écrivait toutes les anecdotes épouvantables dont cette ville fut le théâtre durant ce siége, car la peste et la famine étaient enfermées dans ses murs, et les habitants, après avoir mangé les animaux les plus immondes, en

étaient réduits à manger les morts au lieu de les enterrer.

Le jour donc où s'ouvre notre histoire, un homme de trente-six à quarante ans, maigre, de haute taille, accompagné de plusieurs officiers, qui semblaient lui porter le plus profond respect, suivait à grands pas un petit chemin ombragé de saules qui côtoyait le bord d'une rivière. Ce n'était ni l'élégance, ni la somptuosité du costume de l'étranger qui pouvaient bien certainement faire reconnaître le rang qu'il occupait, car il était revêtu d'un pourpoint de drap gris, d'un haut-de-chausses de même couleur, assez mesquins l'un et l'autre; de lourdes bottes de cavalier munies d'éperons de fer, et un petit chapeau de forme basse, surmonté d'un panache blanc, complétaient, avec un grand collet rabattu à l'italienne, cet équipage peu luxueux; mais il y avait dans sa barbe brune, dans son nez aquilin fortement prononcé, dans ses yeux vifs et spirituels, dans son large front, dans toute sa personne enfin quelque chose qui faisait bien vite oublier la pauvreté de ses vêtements, et indiquait la déférence et le respect que l'on doit à un élu du Seigneur.

—Ventre-saint-gris, Bellegarde, dit-il en s'adressant à l'un de ceux qui l'accompagnaient, je ne vois pas poindre la plus petite aile d'un moulin, et pourtant mon estomac me crie misère de la façon du monde la plus lugubre.

—Encore un peu de patience, Sire, répondit le duc, et bientôt nous arriverons; ce qui me tarde comme à Votre Majesté, je vous le jure, car le camp n'est pas beaucoup mieux pourvu de vivres que la ville maudite qui nous ferme ses portes.

—Allons!... continuons, fit Henri IV, car c'était lui,

en reprenant sa route ; mais rappelez-vous bien, Messieurs, que je ne suis aujourd'hui que le capitaine Henri ; car en vérité un roi ne peut pas se permettre de faire de la maraude sans cacher au moins son titre.

Et, quelque temps après, la petite troupe arriva effectivement devant un joli moulin ; la porte en était ouverte, ils entrèrent et furent bien étonnés de ne trouver personne dans tout le logis.

—Vive Dieu ! dit Henri, mes sujets ont donc bien peur de moi, qu'ils se livrent de meilleur cœur aux ligueurs et aux Espagnols, qui se soucient fort peu de leur ruine pourtant... Mais un jour viendra où je saurai leur faire entendre raison et leur prouver que le Béarnais est pour eux un bon père...

—Le plus pressé, Sire, est de chercher de quoi manger, il me semble, car nous mourons tous de faim et nous serons bien malheureux si dans le logis d'un meunier nous ne trouvons ni son ni farine, dit Bellegarde qui tout en parlant ainsi, courut vivement à la huche et l'ouvrit ; mais au lieu de pain cuit, sur lequel il comptait, il trouva la meunière qui s'y était blottie toute tremblante.

En apercevant cette mine piteuse et enfarinée, toute la bande partit d'un joyeux éclat de rire.

—Mes bons seigneurs, s'écria la pauvre femme les mains jointes, ayez pitié de moi pour l'amour de Dieu !

—Ventre-saint-gris, ma mie, soyez sans aucune crainte, dit le roi, nous sommes de pauvres lansquenets dont l'estomac est creux et la bourse vide ; mais si vous voulez nous nourrir promptement le ciel se chargera de notre reconnaissance et vous payera largement, je vous jure.

Et il offrit galamment la main à la meunière pour l'aider à sortir de sa cachette.

Celle-ci, toute rassurée, se hâta d'obéir et appela son mari qui, à la vue des officiers, perdant la tête de terreur, était allé se fourrer dans la mare à canards de la basse-cour. Le pauvre diable arriva tout trempé et à demi mort de froid, mais la vue d'un bon feu que la meunière avait déjà allumé dans l'âtre, puis la figure ouverte du roi, l'ayant promptement et séché et rassuré, il fut bientôt en état d'aider sa femme à préparer le repas qu'attendaient si impatiemment ses hôtes.

Tout le monde mettant la main à la pâte, même le roi, la table fut enfin couverte de laitage, d'œufs, de beurre, de pain frais; et de plus, le meunier pour faire honneur à monseigneur le capitaine, c'est ainsi qu'il appelait Henri, pour lequel il s'était pris d'une amitié très-vive, avait été tordre le cou à un poulet bien gras, lequel rôti à point, formait le milieu de ce royal festin, dont quelques vieilles bouteilles contenant du vin achevaient la symétrie.

A la vue de ce repas, bien rare alors au camp royal, car souvent le pauvre Henri fût resté à jeun tout le jour si son surintendant des finances, M. d'O., ne l'eût point engagé à dîner, le roi ne se sentit pas d'aise; il força le meunier et la meunière à s'asseoir à ses côtés, et l'on but et l'on mangea le plus joyeusement du monde! Puis le temps venu de se quitter, Henri remercia ses hôtes de leur bon accueil, et leur donnant tout ce qu'il avait d'argent sur lui, il dit au meunier en souriant:

—C'est bien peu ce que je te baille là, mon ami; mais as-tu quelque souhait à faire qu'il soit en mon pouvoir d'exaucer? et foi de gentilhomme, comme disait mon aïeul François Ier, je te jure de te l'accorder sur l'heure.

—Da! Monseigneur, je ne désire rien que vous puissiez me donner, fit le meunier en se grattant l'oreille pour cacher le regard dédaigneux qu'il jetait sur les habits râpés du roi ; car mon seul désir est qu'il y ait toujours assez d'eau dans la rivière pour qu'elle fasse tourner mon moulin.

—Eh bien, c'est ce qui te trompe l'ami, dit Henri en riant, car je te donne en propre et la rivière et les terres qui la bordent : tu pourras donc toujours disposer de l'eau suivant ta volonté.

Le meunier tout ébahi regarda le capitaine, croyant qu'il voulait rire ; mais le regard d'aigle du roi lui inspira un tel respect qu'il s'écria en rougissant d'émotion et de bonheur :

—Par saint Quentin, qui êtes-vous donc, Monseigneur?... A moins d'être notre bon roi Henri, que Dieu bénisse !...

Et, sans pouvoir achever sa phrase, il tomba à genoux devant Henri, et sa femme et lui couvraient de baisers les mains que le Béarnais leur avait tendues, tandis qu'une larme d'attendrissement coulait sur ses joues hâlées et se perdait dans sa brune moustache.

Pendant que le roi et sa suite déjeunaient au moulin, le brouillard s'était dissipé et un gai rayon de soleil éclairait l'azur du ciel ; aussi Henri, joyeux de la bonne action qu'il venait de faire et de l'excellent déjeuner qu'il avait mangé, voulut s'asseoir un moment, pour goûter ce bien-être, sur les bords moussus de la jolie rivière dont il venait de donner si généreusement la propriété. La conversation se ressentit de la disposition de l'esprit du roi, et on devisa intimement sur toutes choses.

—N'est-ce point une jeune fille appelée Colombe qui,

la première, a prédit à Votre Majesté la haute fortune à laquelle elle doit atteindre, et qui semblait si peu probable alors, demanda Chaverny avec curiosité ?

—Mon Dieu, oui, répondit le roi; et cela est une fort curieuse histoire que je vais vous raconter si ça peut vous divertir.

Toute la bande accepta avec empressement, et Henri prit ainsi la parole :

« Vous savez que vers l'âge de treize ans j'étais venu à Paris avec mon gouverneur, le sieur de la Gaucherie, qui m'élevait en la discipline grecque, latine et française, et qui était bien le plus ennuyeux personnage qui se puisse rencontrer sous le ciel. Aussi je n'en prenais qu'à mon aise de ses leçons, et protégé par la reine Catherine, qui n'aurait pas mieux demandé que je fusse resté toute ma vie un ignorant et que j'eusse tourné au mal, je jouais et me divertissais de toutes sortes tant que la journée et souvent même la nuit pouvaient durer.

« Sans doute ma conduite fut connue en Béarn, car M. de la Gaucherie reçut l'ordre de me ramener, sans le moindre retard, à Nérac, où le roi mon père et la reine ma mère tenaient leur cour. Je pleurai fort en quittant Paris, et j'eus même un moment le désir de me soustraire par la fuite à cet ordre qui me semblait barbare ; mais la jeunesse est facile à consoler! Aussi je fus promptement distrait en voyant la riante campagne qu'il nous fallut parcourir, et en entrant dans le château de mes aïeux, les princes d'Albret, j'avais oublié complétement le Louvre et ses plaisirs.

« Pourtant M. de la Gaucherie me faisait lever avec le jour pour travailler ; mais il est vrai alors qu'au lieu de nous asseoir à une de ces lourdes tables qui meublent les salons du Louvre, nous courions et par monts et par vaux, et que c'était en promenades que se passaient nos leçons.

« Un jour qu'il m'avait mené dans les plus sombres allées du parc, où je lui récitais Virgile, je fus suspendu en mon débit par le froissement de la feuillée, et soudain je me lançai à la course loin de mon maître, qui, ne sachant où je courais, et pensant que je cherchais soit à attraper un papillon, soit à dénicher une couvée de petits oiseaux, poursuivait à pleins poumons les vers que j'avais commencés.

« Pendant ce temps je courais de toutes mes forces, je déchirais mes habits aux ronces, j'égratignais ma figure aux broussailles, et cela, non pour atteindre papillons ou oiseaux, comme le croyait mon bon gouverneur, mais bien une jolie petite fille que j'avais avisée à travers le feuillage ; elle s'enfuyait comme une biche poursuivie par des chasseurs, sans écouter ni mes cris ni mes prières, et je commençais à désespérer de l'atteindre tant elle était agile, quand, devant parcourir un petit chemin qui bordait une rivière, et dont l'herbe était humide et glissante, le pied lui manqua et la pauvre enfant allait choir dans la rivière si je n'étais arrivé à temps pour la retenir par sa robe et l'aider à se relever.

« — Comment t'appelles-tu, mignonne ? lui demandai-je aussitôt, quoique je fusse tout essoufflé.

« — J'ai nom Colombe, Monseigneur, répondit-elle en me faisant une belle révérence et en cherchant à se sauver de rechef.

« — Là, là, ma petite Colombe, fis-je en retenant sa

jupe pour l'arrêter, ne t'envole pas encore et dis-moi où tu habites.

La petite fille jeta sur moi un doux regard tout surpris, et avec ses beaux yeux bleus comme des pervenches et ses boucles de cheveux dorés elle me parut un ange du ciel.

« — J'habite la logette de mon père, qui est jardinier au château, me répondit-elle en dégageant sa jupe et reprenant sa course.

« J'allais la suivre, quand la voix de M. de la Gaucherie se fit entendre assez près de moi pour me décider à me rendre à merci. Aussi, sortant tout à coup d'un massif, je m'avançai vers lui la bouche souriante.

« — Eh bien, Monseigneur, c'est donc en courant après de petites vagabondes que vous pensez apprendre vos leçons ! me dit-il durement.

« — Je courais après une biche, répondis-je avec embarras.

« — Après une biche qui porte jupe, fit-il en grommelant.

« Je feignis de ne pas entendre ces dernières paroles, et pour prendre contenance, je repris brusquement :

« — Et d'abord, vous saurez, Monsieur, que la gentille Colombe n'est point une vagabonde ; c'est la fille d'un des jardiniers du château.

« — Ah ! cette biche vous a dit qu'elle s'appelait Colombe et qu'elle était une petite jardinière au château... répartit le sieur de la Gaucherie avec un sourire qu'il voulut rendre fin ; voilà en effet une bête bien merveilleuse et qui mérite l'honneur que vous lui avez fait en la poursuivant.

« Je sentis aussitôt la maladresse que je venais de commettre, et, pour cacher mon embarras, je prétextai de la fatigue et demandai à regagner le château.

« Le lendemain, à peine l'aube avait-elle paru au ciel que j'étais déjà sur pied, car j'avais résolu d'aller voir Colombe avant le réveil de mon gouverneur; et, escorté du page de service, qui couchait auprès de moi, je me glissai sans bruit à travers les grands corridors du château, parcourus le parc avec rapidité et arrivai enfin devant la logette du jardinier où je comptais rencontrer la jeune fille. Elle y était effectivement, et quel délicieux spectacle s'offrit à mes regards !

« La petite maisonnette occupée par le père de Colombe était entièrement couverte de mousse et entourée de fleurs, qui la cachaient au milieu des grands arbres du parc comme un nid dans le feuillage. Au moment où nous arrivâmes, la rosée, ainsi que des gouttes de pierreries brillamment éclairées par les premiers rayons du soleil, scintillait au bout de chaque feuille et donnait un aspect magique à la jeune fille assise devant la logette, car elle aussi était toute couronnée de fleurs, et les yeux élevés vers le ciel, elle semblait converser avec les anges ; tandis que sur ses épaules, sur ses genoux, devant ses pieds, tout autour d'elle enfin, de blanches et jolies colombes semblaient se disputer ses caresses et ses regards.

« A cette vue, je m'arrêtai tout interdit; et mon page posa son doigt à son front en souriant.

« — Comment, cette jolie enfant est folle !... m'écriai-je malgré moi; mais elle ne m'entendit pas, car elle n'abaissa pas ses yeux du ciel.

« — Monseigneur ne le sait donc pas !... fit tout surpris mon compagnon ; et comme je laissai échapper un triste geste de dénégation, — folle n'est peut-être pas le mot, ajouta-t-il, mais tout au moins innocente ; ainsi elle passe sa vie au milieu de ses colombes, elle leur parle, elle les consulte, elle les aime ; aussi leur nom lui a-t-il été donné...

« A ce moment, la jeune fille nous aperçut. Alors, j'interrompis brusquement ce récit, et m'avançant vers elle :

« — Bonjour, ma mie, lui dis-je, que fais-tu donc là au milieu de ces jolis oiseaux?

« — Je les consulte sur vous, Monseigneur, me répondit-elle en se levant et me faisant une gentille révérence.

« — Bah! répliquai-je en riant, et tu crois, mignonne, que ta gente volatile me connaît et te dira mon avenir ? elles sont donc magiciennes tes colombes?...

« — Je crois, répondit l'enfant d'un air inspiré, que Dieu trouvant les hommes trop méchants pour parler avec eux, a choisi l'être le plus doux et le plus innocent de la création pour y laisser descendre son divin souffle ; et que savez-vous de plus pur que la blanche palombe, Monseigneur?

« — Toi, mignonne! fis-je en m'avançant vers elle. Mais elle se recula toute marrie, et à ce moment les colombes s'envolèrent, d'abord en tourbillon, puis il en vint une voltiger autour de moi et une autre se poser sur ma tête, comme pour becqueter mes cheveux, ce qui me divertit fort ; mais la jeune fille parut y attacher une grande importance, car elle me regarda les yeux brillants de joie et s'écria d'un air inspiré :

« — Ah ! Monseigneur, vous serez roi un jour, et le plus grand roi du monde !...

« Malgré moi ces paroles me firent une grave impression que je me préparais à cacher sous un sourire, quand tout à coup je vis Colombe pâlir, se voiler la tête de ses deux mains, tandis qu'elle poussait un cri déchirant ; et je sentis une goutte tiède perler sur mon front au moment où les oiseaux reprenaient leur vol vers le ciel. J'y portai la main pour l'essuyer, c'était du sang...

« — Ton oiseau m'a blessé, mignonne, fis-je en voulant détacher les petits doigts que Colombe tenait crispés contre son visage ; tu vois qu'elles sont aussi méchantes que les hommes, les palombes... Allons, demande-moi pardon pour elles...

« Mais au lieu de me répondre, la pauvre enfant glissa à genoux devant moi, et élevant les yeux vers le ciel, elle s'écria dans un élan de l'âme :

« — Mon Dieu !... mon Dieu !... ayez pitié de monseigneur, car madame Jeanne, notre bonne reine, en mourrait elle aussi, si on lui tuait son fils.

« Je me pris à rire.

« — Tu es folle, ma petite Colombe, lui dis-je gaiement, car tu oublies que tu viens de m'annoncer les plus belles choses du monde ; je dois être un très-grand roi, dis-tu, et comme je ne suis encore qu'un très-petit prince et d'âge et de condition, il me faut beaucoup de temps pour conquérir mon royaume ; d'autant qu'il ne serait pas sage de compter sur celui de France, puisque le roi Henri II, notre seigneur, a de la reine quatre fils prêts à lui succéder...

« — Quatre fils... c'est bien cela... interrompit la jeune fille dont le vague regard me montra le dérangement d'esprit ; vous aviez quatre oiseaux autour de vous, ce sont les quatre princes... mais... ils mourront, Monseigneur... et c'est leur place que vous devez prendre...

« — Ah ! fis-je, eh bien alors, je ne mourrai donc pas aussitôt que tu veux bien le dire ?

« Colombe me regarda d'un air hagard, tandis qu'elle tressaillait par tout son corps.

« — Ne m'interrogez pas... pour l'amour du bon Dieu, Monseigneur ! s'écria-t-elle en cachant de rechef sa tête entre ses mains.

« Je me sentis pris alors d'une curiosité vive, et, détachant brusquement les mains de la pauvre enfant en l'attirant vers moi :

« — Parle ! lui dis-je, je le veux.

« Elle me regarda alors sans me voir, et d'une voix qui me parut étrange, elle me dit :

« — Henri, tu seras roi du beau royaume de France, et tu mourras assassiné !...

« Puis elle tomba évanouie à mes pieds...

« — Jusqu'ici vous le voyez, Messieurs, ajouta le Béarnais, la plus grande partie de la prédiction de ma petite Colombe s'est réalisée en effet, puisque François II, Charles IX, Henri III et le duc d'Anjou sont descendus avant moi dans la tombe ; mais il reste encore bien à faire pour que le tour soit complet !... D'abord, loin d'être un grand roi, je ne suis qu'un pauvre sire, fit-il en jetant un regard souriant sur ses habits râpés ; puis je nargue l'assassin qui m'est promis, car si jamais je suis véritablement maître de la France, je veux rendre mon peuple si heureux, que chacun pourra manger en famille la poule au pot le dimanche ; je serai donc véritablement le père de mes sujets : et on ne tue pas un bon père qui vous aime, comme on abat un chien qui a la rage !...

« Mais, ajouta Henri gaiement en voyant un sombre nuage couvrir le front de ses amis, le temps passe rapidement ; retournons au camp, Messieurs, et oublions notre maraude... »

Tous se levèrent pour suivre le roi, et au bout de quelques instants la conversation avait repris un ton joyeux. Hélas ! le bon Henri avait compté sans Ravaillac !...

C^{sse} DE BASSANVILLE.

LA MONTRE DE GERTRUDE.

Le vieillard agitait en l'air son précieux trophée.

LA MONTRE DE GERTRUDE

I

Un matin je rencontrai Sylsed, et je lui dis :

—Mon cher, je me sens aujourd'hui des velléités toutes gastronomiques, et je te somme de m'offrir un festival chez Champeaux?

—Impossible !... soupira laconiquement Sylsed.

—Comment? repris-je avec douleur... Ton porte-monnaie serait-il à sec?

—Mon porte-monnaie, interrompit Sylsed, est assez bien garni. Tiens, regarde?

Et il me montra six pièces d'or à l'effigie du grand homme.

—Eh bien... alors? fis-je du ton le plus affriandé de ma voix.

—Accompagne-moi jusqu'au boulevard du Temple, dit Sylsed en passant son bras sur le mien, et je vais t'expliquer le pénible, mais nécessaire emploi de cette monnaie chimérique....

Nous nous remîmes en marche, et Sylsed poursuivit :

—J'ai, de par le monde, une certaine montre, que j'ai été obligé d'engager pour une somme semblable ; or, il y a de cela treize mois, plus quelques jours... jours fatals et maudits ! Hier je me suis présenté devant le grillage impitoyable d'un commissionnaire du Mont-de-Piété, avec le simple désir de renouveler l'engagement en question.

—Trop tard, Monsieur, trop tard !... m'a-t-il été répondu... Je fis un bond terrible... C'est à la salle de vente, a-t-on ajouté, et vous n'avez plus qu'une seule ressource... Courir rue des Blancs-Manteaux, reprendre votre montre au petit bureau à droite, si toutefois ce n'est pas son jour d'être vendue, ce que je crains fort pour vous.—Et alors ? demandai-je en frémissant.—Alors, vous ne pouvez plus que la racheter à la criée publique.—Merci, m'écriai-je en me disposant à partir. Or, il était trop tard hier, et je vais ce matin savoir mon sort... Voilà !

—Fatalité ! m'écriai-je, aussitôt que Sylsed eut terminé son intéressant récit... Je dînerais de si bon cœur chez Champeaux !...

—Moi aussi ! répondit-il. Mais si j'arrive trop tard, si la vente est consommée, j'irai te retrouver sur les quatre heures, et nous ferons les funérailles de la défunte... à la manière écossaise...

—Dieu le veuille ! soupirai-je à ce vague espoir.

—Grand merci du vœu, répliqua Sylsed, en me quittant aussitôt pour s'engager à grande vitesse dans les détours sinueux de la rue Vieille-du-Temple.

II

—Ma montre ! cria Sylsed à une figure retranchée derrière un grillage de fer.

—Trop tard ?... On va vendre, si ce n'est déjà pas vendu... Allez à la salle de vente.

—Ma pauvre montre ! soupira Sylsed.

—Et la mienne, Monsieur ? s'écria un petit vieillard tout éploré, qui passait par le guichet du grillage une reconnaissance jaunie par l'âge.

—Trop tard aussi !... répéta l'employé... A la salle de vente !

—O mon Dieu ! répondit le vieillard en se précipitant vers cette dernière espérance.

Sylsed le suivit.

Mais tous les deux furent forcés de reculer spontanément.

Un énorme matelas sortait de la porte, à peine assez large pour le passage.

C'était une pauvre femme du peuple qui portait ce fardeau.

—Mon bon matelas... sanglotait-elle avec une folle ivresse. J'ai pu le ravoir... le voilà ! le voilà !

Et elle embrassait convulsivement la toile à carreaux.

—Vous y tenez donc bien ? demanda Sylsed.

—Si j'y tiens ! répondit la joyeuse prolétaire... si

j'y tiens... Ma mère me le donna le jour même de mes noces, et c'est là dessus que sont nés mes deux enfants !

Sylsed et le vieillard entrèrent ensemble dans la salle de vente.

—Pauvre femme ! murmurait Sylsed ; je comprends qu'elle tienne à ce vieux matelas.

Oui... répliqua le vieillard ; elle doit y tenir, mais pas autant que je tiens à ma vieille montre.

A cette réponse, Sylsed, étonné, regarda plus attentivement son compagnon d'infortune.

C'était un petit homme tremblotant et cassé, aux cheveux blancs et rares, aux yeux bons et doux, à la bouche sensible et souriante. Ses vêtements rappelaient la coupe perdue d'une bien ancienne mode, et même une petite queue, toute coquette, retombait sur le haut collet de son habit bleu barbeau. Il portait aussi des bas chinés, des souliers à boucles, un jabot bien proplet, et semblait en tout point la vivante image du siècle de nos pères. Il devait avoir traversé bien des orages, il devait être bien vieux, et cependant il trottinait encore, droit, gaillard, alerte et dispos. Quel bon petit vieux c'était là !

—Ma pauvre montre... ma vieille amie ! marmottait-il en se hissant sur la pointe des pieds, afin de regarder au dessus de la foule, compacte et grouillante, qui remplissait la salle... Oh ! je la vois... Elle est là sur le bureau, pas encore vendue... Dieu soit béni, j'arrive à temps !

Et le vieillard, chancelant à force de joie, s'appuya contre la muraille.

Il tremblait depuis les pieds jusqu'à la tête. Ses petites jambes grêles, sa poitrine convexe, son dos voûté, son menton pointu, sa tête dépouillée, ses mains pendantes, tout cela tremblait à la fois.

Ses yeux étaient pleins de larmes, ses lèvres étaient couvertes de sourires.

Jamais moue plus joyeuse et plus pittoresque ne rida plus coquettement le visage bistre d'un vieillard.

Il voulait parler et ne pouvait articuler une seule parole.

Le bonheur l'étouffait.

Mais ses regards humides et babillards chantaient tout un poëme aux regards attendris de Sylsed.

Car Sylsed avait tout oublié.

Il contemplait le vieillard avec cette bonne et candide expression, si spirituelle pourtant dans sa bonhomie, et qui fait croire parfois que son cœur tout entier se reflète sur son visage.

Aucun mot n'avait été prononcé entre lui et le vieillard, mais ils étaient amis déjà !

Aussi, dès que le vieillard put retrouver la parole, il s'élança vers Sylsed, et lui dit d'une voix entrecoupée plus encore par l'émotion que par l'âge :

— Il faut que je vous parle de ma montre, voyez-vous, puisque je ne puis encore la revoir, la toucher, l'embrasser !... Il le faut, Monsieur.... Parler d'elle, cela sera tromper mon impatience, et charmer les dernières minutes de notre séparation...

A de semblables élans du cœur on ne répond pas par des paroles.

Sylsed garda donc le silence, mais il se rapprocha pour mieux entendre.

Et le vieillard poursuivit.

III

—C'est une bien vieille montre, Monsieur, grosse, large et ronde; avec de belles ciselures sur l'un des côtés de sa double boîte en or, avec une mosaïque en émail sur le revers.

La mosaïque représente des oiseaux, des fleurs, et la ciselure le jugement du grand roi Salomon.

Elle est à répétition, Monsieur ; on les fabriquait toutes ainsi jadis.

Et je puis dire qu'elle a sonné la première heure de ma vie, car mon père la portait à son gousset lorsqu'il me prit des bras de ma mère pour me donner ses premiers baisers.

Pauvre père... et pauvre montre !...

Lui fut mon premier camarade ; elle fut mon premier joujou, et ma première passion plus tard.

Il me prenait sur ses genoux, et, pour me consoler de mes jeunes chagrins, pour me faire oublier mes enfantines douleurs, il tirait cette montre de son gousset, la suspendait en l'air à l'aide des longues breloques que l'on portait alors, et la balançait comme un pantin doré devant mes yeux ravis qui passaient aussitôt des larmes au sourire.

Et je criais joyeusement en voulant la prendre avec mes mains, impuissantes encore à saisir.

On se refusait à ce dangereux caprice.

Mais on me montrait tour à tour la ciselure brillante, et l'émail aux mille couleurs?...

Tout cela ravissait mes regards d'enfant.

Et la sonnerie donc !...

Oh !... la sonnerie, j'en étais fou ; et sans cesse il fallait faire tinter à mon oreille la clochette au timbre argentin.

Le petit tictac continuel m'amusait, et beaucoup aussi, je vous le jure, mais moins encore peut-être qu'il ne m'amusera tout à l'heure.

Les vieillards sont parfois de vieux enfants !...

Alors mon père ouvrait le couvercle d'or, qui me semblait renfermer tout un monde de féeries et d'enchantements.

—Regarde la petite bête ?... me disait-il de cette câline voix dont on parle à l'enfance, et que plus tard on n'oublie jamais !...

Je regardais de tous mes yeux... je voulais toucher de mes petits doigts !...

Alors il y avait des querelles, des colères mutines et des pleurs que séchait un baiser.

—Sois bien sage ?... me disait mon père... et lorsque tu seras un homme... lorsque tu auras quinze ans, je te donnerai la montre, avec tout son beau cortége de breloques.

Oh !... comme je désirais arriver là !...

Je convoitais la montre avec amour !

Les années me semblaient bien longues !...

—Jamais je ne l'aurai !... murmurai-je souvent d'un ton boudeur.

Et mon père, qui m'aimait à la folie, me la prêtait pendant tout un dimanche.

J'étais bien glorieux et bien fier ce jour-là !...

Mais je la voulais à moi, bien à moi, rien qu'à moi, entièrement, toujours !...

Et les quinze ans maudits n'arrivaient pas...

Hélas ! j'eus la montre avant le terme fixé...

Au lieu d'un présent, ce fut un triste héritage.

On était alors en pleine révolution, au fort de la terreur.

Des hommes à mines sinistres vinrent un soir arrêter mon pauvre père, et le lendemain on envoyait à la mort une victime de plus !...

On nous permit de le voir un instant avant le supplice.

Instant bien court hélas !... mais qui vit couler bien des larmes !...

En me quittant, mon père me tendit la montre, sans pouvoir me dire une parole.

Il souriait, Monsieur !

Oh !... je vois encore ce sourire là !...

Je sortis de la prison, en même temps que la fatale charrette, et j'eus le courage de la suivre sur la place de la Révolution.

Là, je vis tomber la tête de mon père !...

Oui, Monsieur !...

Alors mes yeux se fermèrent, tout mon sang reflua vers mon cœur, tout mon être frémit, et je serrai convulsivement la montre que je tenais encore dans ma main crispée.

A ce contact glacé, je ne sais quelle étrange idée traversa mon esprit en délire...

J'ouvris à la fois les yeux et la main, et je regardai l'heure en souriant, comme avait souri mon père.

L'aiguille marquait midi moins dix minutes ?...

. . . .

En cet instant la voix retentissante du crieur annonça un nouvel objet mis en vente.

Le vieillard tourna vivement la tête ?...

Mais ce n'était pas encore sa montre.
Et il reprit aussitôt le récit.

IV

Quelques jours après ma mère mourut de chagrin et je me trouvai tout seul sur la terre.

Orphelin, sans amis, sans famille, avec cette montre, objet de tant de désirs, pour unique souvenir du passé.

Mais la première heure de la possession avait été marquée d'une façon bien terrible...

Aussi, nous ne nous sommes jamais quittés, tant que nous n'avons été que deux...

Avec elle, j'ai traversé bien des mauvais jours, et sans ressentir aucune sensation douce ou cruelle dont elle ne m'ait dit la minute précise...

Enfin il vint un jour où nous nous trouvâmes trois !...

Oh !... ce jour-là fut le premier comme le plus beau des jours heureux de ma vie !

Bonne Gertrude !...

Elle ne dédaigna ni mon obscurité, ni ma misère.

Car j'étais ce que je suis maintenant encore, un pauvre écrivain public, un modeste copiste, gagnant bien juste chaque jour le pain du lendemain.

Et elle, à défaut de richesse, elle possédait la beauté et la vertu, qui la valent toujours.

J'étais seul et malheureux !...

Elle comprit tout cela ; elle borna son bonheur à faire mon bonheur.

Et, depuis quarante années, elle me rend la vie bien douce et bien heureuse.

Notre noce fut des plus simples et des plus modiques.
Pas de fête, pas de repas, pas de bal.
Nous allâmes quatre à la mairie, à l'église ; et nous revînmes deux seulement chez nous.
Mais pas de présents non plus !...
Nous étions trop pauvres....
Plus pauvres que personne ; plus joyeux cependant à nous deux que tout le reste de la terre.

—Tiens,... dis-je à Gertrude... Tiens, voilà ma montre ! Je ne possède que cela au monde... Tu sais combien et pourquoi j'y tiens... Je te la donne... Prends !... C'est mon unique fortune, et je te la donne tout entière en présent de noces, comme je me donne à toi tout entier.

—Merci !... me répondit en souriant Gertrude.

. . . .

—Hein ?... fit tout à coup le vieillard en se retournant vers le crieur.

Non... ajouta-t-il aussitôt en respirant plus à son aise ; ce n'est pas cela encore, et je puis achever de vous raconter le reste de ma vie.

V

Un mois après ce fut ma fête.
—Tiens, ami ! me dit en m'embrassant ma Gertrude... je n'ai que cela, mais je te l'offre de tout mon cœur !...
C'était la montre qu'elle me donnait.
L'anniversaire de sa naissance arriva trois mois plus tard, et je lui redonnais la montre une seconde fois.
Puis je la reçus bientôt à mon tour.

Nous vécumes ainsi pendant vingt-cinq ans, et chaque fois que le calendrier ramenait un de ces jours où l'usage est de se faire des cadeaux, la montre voyageait de l'un à l'autre.

Eh bien ! Monsieur, cet échange immuable et éternel, cette montre toujours donnée, toujours reçue, fut toujours reçue et donnée avec plus de joie tendre et sincère que les riches et splendides présents du monde !...

Jugez, Monsieur, jugez si nous devons y tenir !...

Elle était à tous deux, elle est mille fois à chacun.

Et cependant elle se trouve ici.

Cela vous étonne, Monsieur, écoutez-moi deux minutes encore, et cela ne vous étonnera plus ?

Un jour Gertrude tomba malade.

Une bien longue et cruelle maladie !...

J'épuisai toutes mes ressources, et bientôt je me trouvai, pleurant et désespéré, au chevet de ma compagne expirante, et sans une obole pour acheter désormais les remèdes qui pouvaient peut-être encore la rappeler à la vie.

La montre était là... devant mes yeux !

Je n'hésitai plus.

Et cependant elle appartenait à Gertrude en ce moment-là !

Il me fallut revenir trois fois à la porte fatale du Mont-de-Piété..., le sacrifice me brisait le cœur !

Enfin on me prêta quarante francs...

Et Gertrude fut sauvée !...

Quelle scène, lorsqu'il me fallut avouer, après mille détours et mille mensonges, le terrible sort de la pauvre montre !

—J'aurais mieux aimé mourir!... s'écria-t-elle toute pourpre d'indignation.

—Et moi donc, Gertrude!... répondis-je avec tendresse en l'attirant sur mon sein.

Elle y pleura longtemps, et je finis par pleurer avec elle.

—Console-toi, ma Gertrude bien-aimée!... lui dis-je enfin aussi doucement que me parlait autrefois mon père. Maintenant te voilà sur pied, et je vais me remettre au travail jour et nuit pour te la rendre!...

—Pour combien est-elle là-bas?... me demanda-t-elle avec anxiété.

—Quarante francs!... hasardai-je en soupirant.

La somme épouvanta Gertrude, mais la courageuse fille s'écria d'une voix résolue :

—Il faut travailler sans relâche jusqu'à ce que nous soyons parvenus à amasser cet argent-là!...

Nous avons tenu parole; allez, Monsieur, nous avons tous deux rudement travaillé!

Cependant la montre est encore ici.

Et voilà quinze années de cela!

Oui, Monsieur, quinze années!

Sans cesse il a fallu renouveler pour ne point perdre; et jamais nous n'avons pu réunir assez pour retirer notre chère montre.

Il faut cinquante francs aujourd'hui!

Souvent nous nous sommes approchés de cette économie, mais survenait toujours quelque accident imprévu.

Une maladie, un manque de travail, un déménagement forcé; l'hiver était rigoureux, le pain était cher!...

Ou bien des voisins malheureux auxquels nous ne pouvions nous empêcher de prêter un argent qu'on ne rendait jamais.

Je leur en ai bien souvent voulu ; mais je leur pardonne de grand cœur aujourd'hui !...

Deux fois nous sommes arrivés au capital, déjà tant de fois rendu ; jamais aux intérêts si souvent payés !...

Enfin, l'année dernière, à pareille époque, nous nous trouvions complétement à sec, et Gertrude me dit :

—Ecoute, mon ami !... l'âge arrive, et l'un de nous peut mourir bientôt, sans avoir la montre de ton père à son chevet... Il ne faut pas qu'il en soit ainsi... La mort deviendrait plus cruelle... Ce n'est pas assez du travail, il faut y joindre encore les privations !

Hélas !... Monsieur, nous nous privions bien déjà, et cependant nous trouvâmes moyen de nous priver davantage encore.

D'abord le tabac, seul plaisir de notre vieillesse.

Il fut convenu que chacun de nous ne prendrait plus que trois prises par jour, une le matin, une autre à midi, et la dernière le soir.

Ensuite le café !...

Pas celui du matin, dont notre pauvre chat surtout n'aurait pu se passer.

Excepté le dimanche, par exemple, afin de n'en pas perdre tout à fait la douce habitude.

Eh bien... Monsieur, malgré tous ces sacrifices, il nous manquait encore cinq francs à la fin du treizième mois.

Gertrude se désespérait.

Le Dieu des bonnes gens est venu à notre secours, et nous a envoyé une commande inattendue d'avantageuse copie.

Voilà trois nuits que je passe ; et ce matin Gertrude a

compté les dix pièces de cinq francs sur le coin du vieux marbre de notre commode en noyer.

Malgré cela j'avais bien peur d'arriver trop tard ; mais, vous le voyez, le bon Dieu est bon, il était temps !

Je vais donc la revoir cette pauvre montre de laquelle nous sommes séparés depuis quinze ans. Cette montre chérie, à laquelle vous comprenez maintenant que je tienne si fort !...

Elle mesurera les heures de notre vieillesse, comme elle a mesuré les heures de mon enfance et celles de notre jeunesse !...

Je vais la revoir tout à l'heure, la toucher, l'ouvrir, la remonter, car elle s'est arrêtée depuis bien longtemps sans doute, et faire résonner son timbre argentin qui charmait mon oreille enfantine !...

Quelles joies pour moi !...

Et pour Gertrude donc !...

Comme je vais courir lui porter la bonne nouvelle, et la montre rendue !...

Et elle ne l'attendra pas longtemps...

Car elle est là, Gertrude... elle m'a suivi... mais elle est restée en dehors...

Je n'ai pas voulu qu'elle entrât ici, au milieu de cette foule ; j'ai redouté pour elle les émotions de la douleur et de la joie...

Si elle eût été vendue, grand Dieu !

Mais non !... plus de dangers, plus de craintes !...

Victoire !... victoire !...

Je vais délivrer la prisonnière et la ramener triomphalement à Gertrude, en lui criant de bien loin :

—La voilà !... la voilà !

VI

—Oui... poursuivit le vieillard, mais en interrompant tout à coup son récit, pour indiquer du doigt à Sylsed l'estrade de la vente. Oui... C'est bien elle.... La voilà... tenez... la voilà !

En effet, Sylsed aperçut la gothique montre suspendue à la main du crieur qui disait :

—A 45 francs... la montre en or.

—Quarante-six !... répondit la voix oppressée du vieillard.

Quelques secondes s'écoulèrent ; et déjà le crieur avançait la montre, déjà le tendre ami de Gertrude étendait le bras pour la saisir...

Mais tout à coup la main d'un autre vieillard s'en empara.

C'était un juif, au regard oblique, à la barbe crasseuse, à la mine perfide et rapace.

—Voyons donc un peu cette antiquaille, siffla-t-il entre ses lèvres de serpent... C'est de mode aujourd'hui... diable !... celle-ci se vendrait bien. Quarante-sept francs !

Et il rendit la montre au crieur.

L'autre vieillard lança un regard foudroyant à ce nouvel enchérisseur, et s'écria avec calme :

—Quarante-huit !...

—Quarante-neuf... riposta froidement le juif.

—Cinquante... râla le pauvre époux de Gertrude en tendant pour la seconde fois la main.

Il y eut un silence.

—Maudit entêté ! grommelait le juif... Allons, je n'en aurai pas le démenti... Cinquante et un !

Je renonce à peindre la physionomie de l'infortuné vieillard.

Pâle, confus, doutant encore, respirant à peine, il semblait perdre à la fois la vie et la raison.

—Mais je n'ai que cinquante francs ! fit-il avec un soupir faible et plaintif, comme doit être le dernier de tous les soupirs.

—Cinquante et un francs... cinquante et un francs... cinquante et un francs... répétait la voix nazillarde du crieur.

—Allons donc !... ajouta le juif avide et impatient... Adjugé... passez-moi la montre ?

A ce mot terrible, l'époux de Gertrude se redressa tout à coup, en criant avec une rage insensée :

—Cinquante-deux...

—Cinquante-trois, enchérit le juif.

—Cinquante-quatre, dit le vieillard d'une voix assurée, mais en ajoutant plus bas à l'adresse de Sylsed :

—Et je ne les ai pas.

Le juif, après un nouveau silence qui dut cruellement torturer son imprudent adversaire, laissa tomber un chiffre de plus de ses lèvres crispées :

—Cinquante-cinq...

—Adieu !... murmura le vieillard à l'oreille de Sylsed, avec un gémissement navré d'angoisse et de désespoir.

Et il allait s'enfuir, sans doute pour cacher ses larmes.

Tout à coup une nouvelle voix retentit dans l'arène.

C'était celle de Sylsed.

—Soixante... cria-t-il du ton résolu de l'homme qui vient d'accomplir un sacrifice.

Le vieillard s'arrêta, surpris, béant, et comme pétrifié.
Le juif fit une grimace affreuse et riposta :
—Soixante-cinq...
—Soixante-dix, reprit aussitôt Sylsed.
—Soixante-quinze, hasarda son adversaire, d'un accent déjà presque incertain.
—Quatre-vingt dix... cria Sylsed, afin de l'assommer d'un seul coup de massue.
Ce coup porta juste, et la lutte s'éteignit pour jamais.
La montre fut adjugée à Sylsed.
—Oh! Monsieur, lui fit le pauvre vieillard d'une voix toute gonflée de tristesse et de reproches. Vous, qui me sembliez si bon... vous à qui je venais de tout confier... Vous... Oh!
Pour toute réponse, Sylsed saisit la main du vieillard qui se laissa faire comme un enfant, l'ouvrit toute grande, y plaça la précieuse montre, et la referma par une étreinte amicale et douce.
Puis il profita d'une ondulation de la foule pour se glisser entre deux vagues, et disparut.
Le vieillard n'était pas encore revenu de sa surprise que déjà l'alerte jeune homme était loin.
Pas aussi loin que pourraient le croire cependant ceux qui connaissent les jambes de Sylsed.
Sous la porte du Mont-de-Piété, il lui était arrivé de heurter dans sa course une vieille et tremblotante femme, et, sans jamais avoir vu Gertrude, il venait instinctivement de la reconnaître.
Aussitôt, il se cacha vivement dans l'angle d'une porte voisine, afin de contempler au moins le bonheur des heureux qu'il avait faits.

C'était une juste indemnité de sa propre montre, une légitime récompense de sa bonne action.

Le vieillard parut bientôt en agitant en l'air son précieux trophée.

Gertrude courut à lui, afin de toucher plus vite la vieille montre qu'elle embrassait en pleurant.

Puis son fidèle ami se mit à lui parler avec enthousiasme et volubilité.

Sylsed ne pouvait entendre les paroles, mais il comprit bien que l'indiscret vieillard racontait tout l'épisode de la salle de vente.

Alors il se sentit involontairement rougir, et regretta presque d'être resté.

Heureusement son embarras ne dura pas longtemps.

Les deux vieillards cherchèrent un instant autour d'eux, sans doute afin de découvrir leur fugitif bienfaiteur; puis ils s'en allèrent tous deux, bras dessus, bras dessous, joyeux, alertes, regaillardis, et se passant tour à tour la vieille montre pour partager également leur commune ivresse.

—Pauvres et braves gens ! murmurait Sylsed à l'abri derrière sa porte protectrice ; comme ils sont heureux maintenant !... comme ils le seront ce soir, et surtout demain matin, lorsqu'ils retrouveront à leur réveil ce souvenir tant désiré de leurs joies et de leurs douleurs, cette vieille montre qui désormais sonnera la dernière heure de leur vie, comme elle en a sonné la première !...

Et Sylsed vint me retrouver au rendez-vous convenu.

VII

—Eh bien !... lui dis-je, es-tu arrivé ?
—A temps, mon cher, bien à temps, interrompit Sylsed.
—Ainsi, ta montre...
—Perdue... tout ce qu'il y a de plus perdue...
—Et tu es joyeux... et tu dis être arrivé à temps ?
—Sans doute... car le plaisir de la revoir ne vaudrait certes pas la satisfaction que j'éprouve en ce moment.
— Qu'as-tu donc fait de l'argent ?
—Oh ! j'en ai acheté de bien douces joies pour mon cœur.
—Et mon estomac, à moi... tu as oublié... égoïste !...
—Il me reste trente francs ! s'écria Sylsed... allons dîner.

Un instant après, nous entrions dans le jardin de Champeaux, et là seulement Sylsed me raconta sa naïve et touchante histoire.

Mais il ne put achever ; sa voix vint se briser sur ses lèvres contractées par un délicieux sourire.

En même temps son visage rayonnait d'un bonheur étrange, et quelques douces larmes s'échappaient de ses yeux attendris.

Bien-être suprême, voluptés célestes que Dieu laisse parfois tomber du haut de son paradis dans les cœurs de ceux qui font un peu de bien sur la terre !

Et moi donc !

Je crois que Dieu me fit également une légère avance sur la part des joies qu'il me réserve au ciel, car jamais je ne me suis senti si radieusement heureux qu'au moment où je choquai contre le verre de Sylsed mon premier verre de champagne, en m'écriant ;

—A la santé de la bonne Gertrude et de son vieil ami !..

Ch. Deslys.

LA MARE AUX FOLLETS.

A. Hadamard lith.　　　　　　　　　　　Imp. Godard, Paris.

Les Follets ! s'écria Pierre

LA MARE AUX FOLLETS.

N était au samedi de Pâques; dans une salle base de la ferme de Jussay. Autour d'une table immense, se trouvaient réunis une partie des habitants des villages environnants; c'était la dernière veillée d'hiver, et chacun s'était fait une véritable fête d'y assister.

La vieille Marguerite, en sa qualité de doyenne du pays, venait d'achever une de ses plus fantastiques histoires, lorsqu'une petite voix fraîche, couvrant à peine le bruit des rouets et des aiguilles à tricoter, demanda timidement:

—Dame Marguerite, qu'est-ce que c'est donc que le feu follet?

—Ce que c'est que l'esprit follet ! Comment, Mademoiselle Hélène, pouvez-vous faire une pareille question ? M'est avis que pour être de la ville, vous n'en êtes guère plus savante !... Ce que c'est que le feu follet, Jésus ! allez demander à Paul Brunot, à la grande Rousse..., ils vous le diront, eux, ce que c'est !... Mais aujourd'hui on est si incrédule qu'on le verrait et qu'on n'y croirait pas ! ajouta la vieille femme en suspendant un instant son tricot, et regardant avec ses lunettes la jeune fille qui venait de poser une question qui lui paraissait aussi étrange.

—Est-ce qu'elle peut savoir cela, mon Hélène ? reprit aussitôt d'un air presque fâché la fermière de Jussay, une enfant qui sort de pension ! est-ce qu'à la ville on parle de ces choses-là ?... D'ailleurs, comme disent tous les gens raisonnables, ce sont des contes bons pour amuser des paysans comme nous...

—Oui... oui, dit un grand garçon de dix-sept ans environ, et auquel des cheveux rouges et des petits yeux gris donnaient un air de niaiserie astucieuse, oui, allez demander à ma tante la Rousse si ce sont des contes ?... elle vous en dira long sur la Mare aux follets !

—Je te dis, moi, reprit sévèrement la fermière, qu'il n'y a de follets que dans les cerveaux malades comme le tien, et je prie que l'on s'observe un peu quand il y a ici des enfants... En disant cela, Jeanne-Marie jetait un regard maternel sur la jeune fille qui venait d'interroger Marguerite.

—Là, là, là, ne vous fâchez pas Jeanne-Marie ! répètèrent presque en chœur les fileuses et les tricoteuses... Nous savons que pour votre Hélène, votre fille de la ville, comme vous l'appelez, vous nous renierez toutes.

—C'est vrai, je ne m'en défends pas... ne l'ai-je pas nourrie de mon lait, soignée, bercée jusqu'à l'âge de trois ans ? et si Dieu ne m'avait pas enlevé la mienne, mon Adèle, ne serait-elle pas sa sœur ?... Tenez, Marguerite, et vous toutes aussi, il me semble que si vous étiez de mes amies, vous ne diriez pas de ces choses qui me rappellent le passé et renouvellent tout mon chagrin !

—La fermière a raison, ajouta une voix, nous sommes tous des ingrats !... Qui est-ce donc qui nous héberge pendant les longues soirées d'hiver ? qui est-ce qui fait flamber dans l'âtre des arbres tout entiers ?... des pommes de pin par centaines ?

—Et éclairés donc ! ajouta une autre, qui est-ce qui l'est comme nous ? Il n'y a pas, à dix lieues à la ronde de Jussay, une veillée si chaude et si pimpante !

—Sans compter, poursuivit une troisième, tout le cidre que l'on nous donne si libéralement, et la galette des grandes fêtes ! Ah dame ! faut-être juste, la fermière de Jussay est connue de tout le monde pour sa générosité !...

—Allons, allons, mes amis, trêve de compliments, reprit Jeanne-Marie, avec cet air de franchise bienveillante qui la caractérisait... Je ne fais que ce que je dois; ainsi, n'en parlons plus... Je ne vous demande qu'un peu d'amitié pour mon Hélène, ajouta-t-elle en jetant un coup d'œil de tendresse à la jolie enfant de douze à treize ans assise à côté d'elle, et en la baisant au front avec une sorte de culte.

La jeune fille à laquelle la fermière venait de donner publiquement ce témoignage d'affection était en ce moment rouge d'émotion, et ses doux yeux bleus s'étaient voilés de larmes, car cette discussion dont elle était la cause involontaire lui pesait comme un remords, et, dans son bon cœur, elle se repentait d'une question qui avait eu des suites que son calme habituel lui faisait envisager comme un sérieux désagrément.

Hélène était la fille d'un fabricant de broderies de la ville de Gray, qui depuis un siècle, de père en fils, tenait un de ces magasins modestes où le prix modéré et la conscience des fournisseurs amènent seuls les chalands ; il n'y avait rien dans ce magasin des splendeurs luxueuses des boutiques d'aujourd'hui, tout y était simple, rigoureusement sévère, depuis le costume des honnêtes marchands jusqu'aux grands comptoirs en bois de chêne, qui faisaient le tour de l'immense pièce où se trouvaient renfermés, dans des armoires pleines et impénétrables à l'œil, les objets de la fabrication.

Hélène avait été nourrie, ainsi que nous l'avons vu, à douze lieues de Gray, par Jeanne-Marie, la fermière de Jussay, sa parente, quoique à un degré assez éloigné. Revenue auprès de sa mère à l'âge de trois ans, elle ne l'avait quittée que pour entrer dans une modeste pension, en rapport avec les goûts simples de ses parents. Le seul luxe que l'on se fût permis de faire entrer dans son éducation fut un maître de dessin pour les fleurs et l'ornement; car les parents d'Hélène, aussi prévoyants que dépourvus d'une puérile vanité, pensaient avec sagesse que cet art serait un jour nécessaire à leur fille, étant destinée à les remplacer au magasin, et que seul il pouvait convenir à la position modeste qu'elle devait alors occuper.

Du reste, Hélène, dans sa simplicité, ne connaissait ni le bal, ni le spectacle, et le seul plaisir qu'on lui eût jamais permis était, chaque année, un voyage de quelques jours à la ferme, au temps des vendanges ou de fête du village.

Un dérangement assez grave survenu dans la santé de la jeune fille avait, cette année, déterminé ses bons parents à se priver de leur enfant pour quelques mois en l'envoyant près de sa nourrice, mesure que la science d'un habile médecin avait jugée indispensable.

L'enfant respirant à pleins poumons un air plus vif et plus salubre que celui de la ville, vivant de délicieux laitage, et se livrant du matin au soir à un exercice salutaire, ressentit bientôt les bons effets de ce nouveau régime, et les soins de Jeanne-Marie, dont la tendresse intelligente remplaçait si habilement ceux de sa mère, eurent bientôt une heureuse influence ; ses forces revinrent, et les roses de la santé reparurent sur ses joues.

— Je veux, mon Hélène, disait parfois en la regardant l'excellente fermière, je veux que ta mère ne te reconnaisse pas, tant tu seras grande et belle quand tu retourneras au foyer !

Jeanne-Marie, à l'époque dont nous parlons, était une des plus riches fermières des environs : la veillée se tenait chez elle, c'était un moyen que son bon cœur avait imaginé pour défrayer les plus pauvres des dépenses de l'hiver, et connaître plus facilement les besoins de tous ; elle ne manquait jamais de venir à leur secours d'une façon si délicate qu'ils ne pouvaient ni s'en fâcher, ni s'en trouver humiliés.

Lorsque la fermière eut calmé l'émotion d'Hélène par un baiser maternel, chacun comprit mieux encore combien il venait de se rendre coupable en face d'une affection aussi intime; aussi, ce fut à qui s'empresserait de trouver un moyen de réparer ses torts.

—Voyez-vous, Mademoiselle Hélène, dit la mère Marguerite de sa voix la moins rauque, ça n'était pas pour vous fâcher ce que je disais tantôt !... on n'est pas jeune pour rien !... Vous me demandiez ce que c'est que l'esprit follet ? Hé ben, je vas vous le dire... D'abord, c'est comme une petite flamme bleue qui vous apparaît... qui sautille, qui danse, qui court après vous !... qui grimpe aux croisées et va quelquefois se percher sur la pointe d'un rocher, sur la cime d'un arbre... tout cela pour vous faire mourir de peur et se moquer de vous tout à son aise !...

On assure, poursuivit la mère Marguerite, sans vouloir remarquer les signes que lui faisait Jeanne-Marie pour l'engager à se taire, on assure que ces follets ne sont rien autre chose que des esprits malins qui viennent tourmenter ceux qui ne croient pas à leur puissance... Jeanne la Rousse en a tant vu un jour à la grande mare, qu'elle en a été deux mois au lit, et si elle n'est pas morte de peur, c'est que...

—Voyons, ma bonne Marguerite, dit la fermière visiblement contrariée des superstitions de la vieille femme, mais n'osant, par déférence pour son âge, la contredire de nouveau, voyons, ces choses-là ne se disent pas devant les enfants ?...

—Pourquoi donc ça, dame Jeanne ? reprit Pierre le Rouge, le garçon de ferme au sourire narquois : c'est si amusant d'avoir peur !... Vous connaissez ben ma tante, celle qu'a vu tant d'esprits follets sur la mare que le nom lui en est resté, et qu'on l'appelle toujours depuis ce temps-là la Mare aux follets ?.. dame ! c'est tout comme qui dirait la mare au diable !... Eh ben ! l'aut' jour, en rentrant dans sa chambre... v'la qu'elle entend frapper aux carreaux... et puis elle voit une affreuse bête toute noire, velue, qu'avait l'air de danser une contre-danse tout du long de la croisée...

—Tais-toi, nigaud, interrompit encore la fermière, c'était une chauve-souris.

En ce moment, pour couper court à la conversation, sur un signe de Jeanne-Marie, on apporta sur la table une grande cruche de cidre piquant et deux énormes galettes sortant du four et préparées pour cette solennité.

Un cri général de satisfaction s'éleva de tous les côtés à la fois.

—On reconnaît bien là la fermière ! dirent toutes les travailleuses en serrant leurs tricots.

—Je vous dois bien un petit dédommagement pour la peine que vous prenez de venir de si loin !

—C'est pourtant vrai, dit encore Pierre le Rouge, la *Bossue* vient de plus d'une lieue !

—Et puis, se hâta de poursuivre Jeanne-Marie, espérant que la sottise du garçon de ferme passerait inaperçue, vous savez que c'est aujourd'hui notre dernière veillée, car c'est demain Pâques ! Ce qui n'empêchera pas, ajouta-t-elle courtoisement, que chacune de vous ne vienne me voir toutes les fois que cela lui fera plaisir !... On trouvera toujours à la ferme bon visage et bonne amitié...

—Et bon cidre ! ajouta Pierre, en avalant d'un trait celui qui venait de lui être versé.

On recommença la tournée, l'on but à la libéralité de Jeanne-Marie, à la doyenne de Jussay, à la gentille Hélène...

—Dix heures ! fit tout à coup la vieille Marguerite en comptant les dix coups de l'horloge ; comme on s'oublie ici !... Allons, mes enfants, partons... à mon âge on ne dort guère, mais on a besoin de repos. Veux-tu nous conduire un bout de chemin, la belle fermière? dit-elle à Jeanne-Marie d'un air caressant... Dire que je l'ai vue pas plus haute qu'un choux ! Dieu, comme ça nous chasse !...

On voit que le cidre avait mis Marguerite en belle humeur ; elle répéta encore : Viens-tu ? nous t'attendons !

La fermière regarda Hélène comme pour avoir son assentiment.

—Oh ! oui, ma bonne nourrice, se hâta de répondre la jeune fille en lui prenant le bras, l'air nous fera du bien ; il fait si chaud, ici !

Effectivement, le temps était lourd ce soir-là, et l'on eût facilement pu se croire au mois de juillet, à la veille d'un orage.

—Nous irons jusqu'à la croix des quatre chemins, pas plus loin, dit la fermière, et comme Jean-Marie est absent, Pierre nous accompagnera.

Pierre le Rouge s'empara aussitôt d'une fourche, et la posant sur son bras à la façon d'une arme à feu : Je suis prêt !... Puis, se tenant à l'écart, il laissa prudemment passer devant lui les autres jeunes gens qui portaient des lanternes ou des brandons de paille pour éclairer la route, car plusieurs des invités demeuraient à une grande distance de la ferme, et les chemins étaient en assez mauvais état.

—Prendrons-nous par la Mare aux follets? dit la fermière.

—Non... non ! s'élevèrent à la fois plusieurs voix, prenons du côté de la fontaine !

—C'est le plus long, reprit Jeanne-Marie... pourtant, c'est comme vous voudrez !

On prit donc le chemin de la fontaine; l'obscurité était si grande que l'on avait besoin, pour ne pas s'égarer, d'une connaissance aussi exacte des lieux.

Arrivés à l'embranchement des quatre chemins, ce que l'on appelait la *Croix*, on se dit adieu; les porte-torche agitèrent leurs flambeaux, puis on se divisa, chacun suivant la route qui devait le conduire chez lui.

La fermière et sa gentille pensionnaire rebroussèrent chemin, mais cette fois Jeanne-Marie insista, malgré les récriminations de Pierre le Rouge, pour revenir par le plus court, c'est-à-dire en passant par la Mare aux follets!

Sans doute Pierre eut bientôt pris son parti, car il se mit à chanter à tue-tête; Hélène, enveloppée dans son manteau, tenant son bras serré sous celui de sa nourrice, marchait en silence et d'un air pensif, auquel les récits de la vieille Marguerite n'étaient peut-être pas étrangers.

Tant que les villageois furent dans la vallée qui conduit à la mare, Hélène et la fermière purent entendre encore les cris d'adieu de la troupe; elles purent voir, par intervalle, briller sur les collines voisines les torches que l'on agitait joyeusement; mais bientôt ces légères lueurs s'éteignirent derrière les hauteurs, et les éclats de voix se perdirent dans l'isolement; les habitants de la ferme se trouvèrent seuls alors dans une campagne sombre et déserte, bordée d'un côté par un bois, et dont le calme solennel n'était troublé que par le chant burlesque de Pierre le Rouge.

—Nous voici bientôt à la Mare aux follets, dit Hélène en se serrant par un mouvement instinctif contre la fermière... Comme la traversée est noire!... ajouta-t-elle en jetant au loin ses regards avec une sorte d'effroi.

—As-tu peur, ma chère Hélène? et aurais-tu donc ajouté quelque croyance aux contes de la veillée?...

En ce moment Pierre le Rouge commença à regarder fixement du côté de la mare, et se rapprocha insensiblement de la fermière.

—Qu'as-tu donc, Pierre? lui dit-elle, car l'inquiétude du jeune homme ne lui avait pas échappé.

—Rien, répondit-il d'une voix brève... Et sa main tremblait si fort qu'il laissa échapper la fourche qu'il tenait sous son bras, et qu'il s'en fallut de peu qu'elle ne vînt caresser de ses deux pointes aiguës le joli visage d'Hélène.

—Maladroit! dit la fermière avec effroi : qui est-ce donc qui te fait faire de pareilles sottises?

Mais Pierre le Rouge, au lieu de répondre, montra du doigt la mare qu'un bouquet d'arbres avait jusque-là cachée aux yeux d'Hélène et de la fermière.

—Les follets! exclama-t-il en grelottant et se serrant contre le groupe.

Hélène poussa un cri.

Au-dessus de la mare, entourée de roseaux et de plantes aquatiques, se promenaient fantastiquement un grand nombre de flammes bleuâtres et si légères qu'elles semblaient courir les unes après les autres... Elles se jouaient, s'éloignaient, se rapprochaient ou s'élevaient dans les airs!.....

Le garçon de ferme, à qui la peur avait donné des ailes, se mit à courir à toutes jambes, brandissant, dans sa terreur menaçante, la fourche qu'il tenait à la main, et l'agitant au-dessus de sa tête.

Mais en ce moment, Hélène et la fermière aperçurent une de ces capricieuses flammes que le rustre avait paru braver, s'élancer sur sa trace, le poursuivre, l'atteindre, et venir se placer sur une des pointes de cette fourche dont il l'avait menacée.

Au cri de Pierre le Rouge, la jeune fille, pâle de terreur, s'affaissa sur elle-même et perdit tout sentiment.

Jeanne-Marie, ainsi isolée, au milieu d'un chemin, malgré sa terreur et son émotion, n'eut pas un seul instant la pensée d'abandonner sa fille chérie. A demi penchée sur elle, elle soulevait sa tête dans ses deux mains, et ses cris de détresse retentissaient dans le vague et le silence de la nuit.....

—O mon Dieu! disait-elle avec sanglots, et oubliant sa frayeur pour ne s'occuper que de la pauvre enfant, mon Dieu! faudra-t-il donc qu'elle meure ainsi sans secours!

Tout à coup le bruit des pas d'un cheval vient frapper son oreille... elle écoute, ce bruit est loin d'elle encore!... mais bientôt une voix, qu'il lui semble reconnaître, a prononcé ces mots dans l'obscurité :

—Qui appelle? qui appelle au secours? me voici...

—Le docteur Duval! s'écrie la fermière en retrouvant tout son courage; mon enfant est sauvée! c'est le ciel qui vous envoie!

Pendant que, d'une voix altérée par l'émotion, Jeanne-Marie racontait rapidement ce qui venait d'arriver, le docteur, à l'aide d'un flacon d'éther, avait fait revenir la jeune fille. « Ce n'est rien, dit-il, absolument rien, qu'un évanouissement causé par la peur..... et une peur bien puérile encore..... » Le docteur rit aux éclats, lorsqu'il apprit que le malicieux esprit, pour faire niche à Pierre, sans doute, avait été se percher sur sa fourche.

—Ne riez pas, docteur, ajouta Jeanne-Marie encore

émue et tremblante; comme vous, je ne voulais pas croire... mais, regardez... et elle lui montrait du doigt la mare encore tout illuminée de follets.

—Est-il possible, dit le docteur, que des récits fabuleux de veillée puissent avoir assez d'influence pour éloigner tout raisonnement chez une personne comme vous, reconnue pour son esprit et surtout son bon sens?... Je pardonne cela à cette jeune fille, ajouta-t-il en regardant Hélène, mais vous, Jeanne-Marie!...

En causant, le docteur avait passé autour de son bras la bride de son cheval : « Allons, Mesdames, je vous escorterai jusque chez vous ; votre chemin est le mien, et un peu d'exercice achevera de remettre cette jeune fille... Voyez un peu, dit-il en riant, ce que c'est que la science ; elle est au moins, dans cette circonstance, d'une grande utilité, car elle va vous apprendre que ces prétendus esprits, ces follets, dont l'apparition vous a paru si fantastique et si effrayante, ne sont autre chose qu'un météore fort inoffensif et cependant très-singulier pour ceux qui ne peuvent pas s'en rendre compte. C'est le gaz que l'on nomme hydrogène qui, se trouvant contenu dans l'eau pourvue de vase ou de fange, s'en échappe avec abondance ; lorsque le temps est très-chaud, très-lourd, c'està-dire plus chargé d'électricité que de coutume, l'hydrogène en s'élevant se trouve en contact avec elle dans de telles conditions qu'il s'enflamme et forme ces feux que l'on nomme follets ; ils sont si légers qu'ils ne brûlent même pas ; et quoiqu'ils n'offrent pas les dangers de la foudre, ils en ont un peu les allures ! La flamme du follet est aussi capricieuse, aussi inconstante, aussi brusque dans sa marche ! une course précipitée, un courant d'air l'attire, et le fer, lorsqu'il est en mouvement, a pour elle une certaine puissance d'attraction ; souvent ballottée par les courants d'air, elle se promène dans l'atmosphère et recherche les pointes de rochers, la cime des arbres élevés : de là tous les contes fabriqués avec plus ou moins de bonne foi ou d'extravagance d'imagination.

« Sur la mer, ces feux se font aussi souvent remarquer, et l'Océan n'apparaît plus que comme une masse de feux bleuâtres ; ils prennent alors le nom de feux Saint-Elme ou feux Saint-Nicolas. Souvent on les voit grimpant le long des vergues, aux mâts et aux cordages, pour aller se poser au faîte du mât où ils restent souvent stationnaires plus ou moins longtemps.

« Comme ces feux ne se remarquent que par un temps lourd et dans de certaines conditions atmosphériques, ils sont souvent regardés par les marins comme les présages d'une tempête.

—Eh bien, enfant ! dit alors le docteur en regardant Hélène, aurez-vous encore peur de ce que vous ne connaissez pas? des follets surtout ! »

Hélène balbutia un non de sa voix la plus timide et en rougissant de sa puérile frayeur.

—Apprenez, continua-t-il, que la science explique presque tout ce qui nous paraît surnaturel, et que Dieu ne nous fait le confident ni de ses mystères, ni de ses volontés. Ayez donc toujours confiance ; defiez-vous de vous-même, mais bien plus encore des contes de la veillée ! »

L'on était arrivé à la porte de la ferme, et après s'être assuré qu'Hélène se trouvait parfaitement remise, le docteur allait se retirer, lorsque la fermière lui dit : « Pour compléter votre œuvre de ce soir, cher docteur, il vous reste encore un malade à guérir !...

—Je l'oubliais !... effectivement, Pierre, dont je connais la poltronnerie, doit avoir éprouvé une violente émotion. »

On ne parvint à trouver le garçon de ferme qu'au bout d'un quart d'heure de recherches ; enfin on le découvrit blotti dans l'écurie, sous un amas de paille, qui l'eût certainement étouffé si l'on ne fût pas arrivé à temps. Malgré l'épaisseur d'une telle couverture, on entendait ses dents claquer, et il fut incapable de répondre à toutes les questions que l'on voulut lui faire ; une *saignée copieuse* vint un peu calmer son cerveau malade !... « Je crains bien que cette tête si faible le soit encore plus désormais, dit le docteur en hochant la tête ; il me vient une idée ! et si vous voulez, dame Jeanne, prêter un peu les mains à mon projet, j'espère déraciner en un instant ce vieux préjugé, qui tant de fois déjà a marqué ses victimes. Voulez-vous inviter à une dernière veillée tous les habitants du village, en commençant par les plus superstitieux ?

—Vous savez, docteur, que je suis tout à votre disposition.

—Surtout, ajouta-t-il, que personne ne soit prévenu de mon projet ni de ma présence !

—C'est entendu, ajouta Jeanne-Marie. »

On prit jour pour le lundi suivant.

Jeanne-Marie, ainsi qu'elle en était convenue avec le docteur, fit prévenir tous ceux qui avaient l'habitude de se réunir chez elle qu'une veillée supplémentaire aurait lieu cette année à l'occasion du retour de Jean-Marie, son époux, absent de la ferme depuis quelques jours !

C'était une heureuse façon de célébrer le lendemain de Pâques, aussi tout le monde fut exact au rendez-vous ; on défendit à Pierre de parler de la rencontre de la surveille, sous peine d'être renvoyé ; et, quoiqu'il lui en coûtât beaucoup, il comprit qu'il y allait de sa place, et comme tous se trouvaient heureux chez la fermière, il prit assez sur lui pour cela.

La veillée fut splendide, jamais profusion de galette semblable n'avait eu lieu dans les annales des grandes fêtes ; ce soir-là, le temps était moins chaud, et pas le plus léger follet n'apparaissait sur la mare : ce fut du moins ce que le docteur annonça en entrant, sans trahir toutefois son projet.

En l'honneur du docteur, on changea le cidre piquant en quelques bouteilles de bon vin vieux du cru, et Jean-Marie, qui était dans la confidence, fit noblement les choses.

A dix heures, tout le monde, en y comprenant le docteur, reprit comme la surveille le chemin de la Croix, mais Jeanne-Marie insista pour qu'on prît le côté de la mare ; la présence inattendue du docteur, qui avait toujours le petit mot pour rire, et surtout un magnifique clair de lune, avaient mis tout le monde en gaieté.

Lorsque l'on fut arrivé, Pierre le Rouge eut besoin que chacun l'eût assuré que la mare était déserte de tout esprit follet pour se déterminer à risquer un coup d'œil en dessous, encore avait-il le soin de se tenir à distance et derrière le groupe le plus nombreux.

Alors la fermière déposa sur la terre, au bord de la mare, un grand panier qu'elle avait apporté.

Le docteur en tira une bouteille et un entonnoir.

—Jésus! dit alors Marguerite, pourquoi donc s'arrêter dans cet endroit maudit?

—Heureusement encore, il n'est pas minuit! dit un autre.

—Quel est celui d'entre vous, dit alors en riant le docteur, qui veut demander à l'esprit follet une faveur?

—Au follet! cria tout le monde à la fois. Et toutes les femmes cachèrent leur tête dans leurs mains.

—Oui, poursuivit-il, une de ces flammes que la crédulité et l'ignorance prennent pour des esprits? et qui ne sont, comme vous allez en juger, qu'un météore très-connu de tout le monde. »

Pas une voix n'osa s'élever, pas même pour avouer sa frayeur... et bientôt, peu à peu, tous se risquèrent à ouvrir les yeux.

Alors le docteur Duval prit la bouteille qui était vide et bien sèche, il y adapta solidement l'entonnoir, puis il renversa le tout dans l'eau fangeuse de la mare, de manière à ce qu'il y en eût jusqu'au goulot; alors, en tenant toujours la bouteille renversée, il agita fortement au-dessous d'elle la vase épaisse avec un bâton, ce qui dégagea, sous forme de globules, le gaz hydrogène qui se réfugia dans la bouteille, puis il la boucha bien hermétiquement sans la redresser; une fois cette opération faite, il la replaça dans sa position naturelle, fit un trou au bouchon avec une aiguille à tricoter et présenta une bougie allumée; le gaz prit feu, et de légers follets s'échappèrent aussitôt, aux cris de terreur des uns et d'admiration des autres.

—Vous voyez, dit le docteur en riant, que ce météore n'a rien de surnaturel; je ne pense pas qu'aucun de vous ait l'idée de me prendre pour un sorcier?

—Hum! fit tout bas la vieille Marguerite; mais heureusement personne ne l'entendit.

Aujourd'hui, à dix lieues à la ronde de Jussay, on ne parle des follets que pour rire des frayeurs qu'ils ont si longtemps causées; on assure même que les esprits forts du pays ont changé le nom de la Mare aux follets pour celui moins fantastique, peut-être, mais à coup sûr plus vrai, de la mare aux poltrons; et si Jeanne la Rousse et Marguerite ont encore essayé d'élever des doutes à ce sujet, Jeanne-Marie leur ferme la bouche en renouvelant avec succès l'expérience du docteur.

Hélène, brillante de fraîcheur et de santé, est retournée dans sa famille; c'est d'elle que je tiens ce récit, qu'elle m'a fait avec une naïveté pleine de charme. Si les veillées de la ferme ont pu vous amuser un instant, mes chers amis, j'espère que plus d'un entre vous y pourra trouver un utile enseignement.

L. LENEVEUX.

Martin Crabbe.

LES ENFANTS DE MARTIN CRABBE

NE des plus ignobles masures de la rue des Épingles, à Bruxelles, était habitée, en 1834, par des bohémiens et des gens sans aveu, parmi lesquels se trouvait, confondu et comme égaré, un homme dont l'existence était aussi misérable qu'elle paraissait mystérieuse. C'était un ancien orfèvre d'Anvers, nommé Martin Crabbe, doué d'un excellent cœur et d'un grand savoir, mais que la faiblesse de son caractère et l'extrême impressionnabilité de son esprit prédestinaient au malheur. Après avoir honorablement acquis une fortune suffisante à ses besoins et à ceux de sa famille, il s'était retiré du commerce à

l'âge de quarante-trois ans. Il en avait alors soixante-deux. La naissance de son second enfant ayant coûté la vie à sa femme, dont il était idolâtre, il demeura inconsolable de cette perte. Sans force devant un malheur irréparable, il tomba peu à peu dans une mélancolie si profonde et si morne, que cet état de son âme, devenu habituel, dégénéra en une misanthropie de la pire espèce. Dans la première année de son veuvage, un mauvais placement de fonds lui fit perdre une partie de sa fortune. Sa raison, déjà chancelante, ne put résister à ces assauts consécutifs, et s'égara presque entièrement. Il resta plusieurs années plongé dans une complète atonie, dans une apathie silencieuse qui équivalait à l'anéantissement de son être. Il ne sortit de cet étrange état d'inertie et de prostration que pour éteindre sa dernière lueur de raison dans l'abîme des sciences occultes. Tous ceux qui le connaissaient et qui l'aimaient s'étonnèrent un jour de le voir secouer sa torpeur, et après un si long sommeil, se réveiller dans l'oubli de presque toutes ses facultés, et sous la domination exclusive d'une manie nouvelle. Sa préoccupation unique était la découverte d'un moyen par lequel on pût fixer sur la surface polie d'un miroir les images des objets extérieurs qui s'y réfléchiraient. Il cherchait des agents chimiques qui, se combinant avec le tain et avec les corps qui composent le verre, conspirassent avec la lumière pour reproduire non-seulement les formes, mais les couleurs et toutes leurs nuances. Ces recherches scientifiques, auxquelles il se livrait avec une activité fébrile et une passion absorbante, lui firent oublier tout : devoirs sociaux, soin de ses intérêts, éducation de ses enfants. Les restes de sa fortune servirent à défrayer son laboratoire : tout son argent se dissipait en achats de substances chères, de sels, de cristaux, d'instruments de physique. Son cœur, jadis si tendre et si bon, semblait mort à toute affection, tant l'idée folle logée dans un coin de son cerveau malade le dominait tyranniquement. Son fils, Aloysius, et sa fille Constance le considérèrent plutôt comme leur enfant que comme leur père. Ils étaient obligés de penser, de prévoir et d'agir pour lui, car il ne s'inquiétait de rien, ne remédiait à aucun mal, ne pourvoyait à aucune nécessité; son existence était toute végétative. Quand les deux anges gardiens de ce pauvre vieillard, tous deux admirables de raison hâtive et sublimes de dévouement éclairé, virent leur père tout près de franchir le dernier degré qui les séparait encore d'une ruine complète et irréparable, ils firent comme le passager qui, désespérant du pilote inhabile, saisit, à ses risques et périls, le gouvernail du navire. Ils prirent hardiment en main la gestion des affaires domestiques ; mais il était trop tard, leur perte était consommée, et la misère, la hideuse misère allait venir s'asseoir à leur foyer. Ce fut alors qu'ils vinrent établir leur piètre ménage dans la rue des Epingles, par mesure d'économie. Martin Crabbe s'aperçut à peine de son changement de maison, et de l'abaissement graduel dans lequel il tombait et ses enfants avec lui. Il échappait à l'humiliation de l'état auquel il était réduit, parce qu'il n'en avait pas conscience ; il aurait pu descendre involontairement plus bas encore et n'en pas souffrir. Il n'en était pas de même de ses deux héroïques soutiens : ils voyaient, avec un désespoir qu'ils avaient la délicatesse de ne pas exprimer, toute l'étendue de leur malheur. Ils s'ingéniaient de mille manières à réparer les injures du sort, et c'eût été un spectacle touchant que d'assister aux conférences secrètes qu'ils avaient pour s'entendre sur les meilleurs moyens de ménager leurs dernières ressources. Ils déliaient le plus rarement qu'il était possible la bourse dont ils tenaient les cordons ; mais quoiqu'ils vécussent de peu, poussant la parcimonie jusqu'à l'avarice, et s'imposant toutes les privations personnelles que la rigueur de leur situation commandait, leur pénurie n'en augmentait pas moins chaque jour, et le vide se faisait dans leur escarcelle : d'autant plus que Martin, poursuivant le cours de ses expériences, et d'ailleurs incapable, comme nous l'avons dit, de faire un retour sur lui-même et de calculer autre chose que les progrès imaginaires de son œuvre, n'apportait aucune restriction aux dépenses dont il avait pris la funeste habitude. Il croyait toujours être au temps de sa prospérité, et ses enfants, si durs pour eux-mêmes, sacrifiaient tout pour l'entretenir dans sa douce erreur. C'est ainsi que quelques échantillons des vins de France, des meilleurs crûs, apparaissaient, à de courts intervalles, dans son modeste logis, pour y faire un séjour de peu de durée. A l'aide de cette liqueur généreuse, qu'il prenait plutôt comme excitant que comme un moyen de délectation, le vieux Crabbe entretenait son cerveau dans un dangereux état de fermentation qu'il croyait profitable à sa chimère. Mais cette fausse sécurité de Martin, incompatible avec l'esprit de modération et de prudence, rendait plus imminente encore une catastrophe. Le petit trésor que les enfants avaient sauvé et mis en réserve, précieux débris d'un grand naufrage, allait être épuisé, et le jour était proche où l'existence matérielle de la famille serait fatalement mise en question. Avec quel juste effroi et quel sombre chagrin Aloysius voyait venir ce moment où le désastre serait pleinement accompli, et où il faudrait que son père sentît aussi s'appesantir sur lui la main de fer de la pauvreté ! Cette heure fatale sonna. Un matin, Constance dut révéler à son père toute l'étendue de leur infortune ; et comme il n'y avait plus assez d'argent pour acheter à la fois du pain pour tous et une glace pour lui, le prier de renoncer au surcroît de dépense qu'exigeaient ses recherches, et auquel il était impossible de subvenir désormais.

—Eh bien ! demanda Aloysius à sa sœur, quand elle vint le retrouver dans la rue, où il attendait anxieusement la jeune ménagère.

—Hélas ! peine perdue. Ce pauvre père est d'une déplorable persévérance. Je lui ai avoué à quel état de détresse absolue nous en étions arrivés, et qu'il ne nous restait plus que de quoi acheter un morceau de pain pour lui et pour nous. « Qu'importe ? m'a-t-il répliqué ; je n'ai pas besoin de manger, mais il ne me faut plus qu'une glace, si petite qu'elle soit, pour une dernière et définitive expérience. Je tiens ma découverte, elle est là ! Jeûnons aujourd'hui s'il est nécessaire de jeûner, et demain, mon enfant, nous serons riches, plus riches qu'aucun banquier juif ne le fut jamais ! » Sa confiance n'a pu être ébranlée par les observations que je me suis permis de lui faire pour la première fois. Ses travaux touchent à leur terme, et il est sûr d'obtenir un brillant résultat ; voilà toute la réponse qu'il a opposée à mes plaintes. Cependant, s'il disait vrai, Aloysius, si cette chimie n'était pas vaine ? Qui sait, nous sommes peut-être sauvés !

—Nous sommes perdus, ma sœur.

—Hélas! nous sommes donc *tombés dans l'œil de Dieu*[1]?

—Remonte auprès de lui, et ne le quitte pas. Le trouble où le met l'approche de ce qu'il croit son succès pourrait lui être fatal.

—Mais toi, frère, où vas-tu?

—Dépenser notre dernière obole.

Constance vit avec un indéfinissable malaise son frère s'éloigner. Rentrée dans la chambre dégarnie de meubles où *travaillait* son père, elle s'installa silencieusement à quelques pas de lui pour veiller sur ce vieillard avec une attention mêlée de sollicitude quasi maternelle. C'était un homme de haute taille, jauni, ridé, cassé, dont les yeux seuls, vifs et perçants malgré la fixité du regard, avaient conservé quelque chose de leur ancienne animation et de leur douceur première. Ses longs cheveux gris, collés à ses tempes, et depuis longtemps affranchis de l'usage du peigne, annonçaient, avec le burlesque agencement de ses vêtements sordides, le peu de soin qu'il prenait de sa personne. Indifférent à tout ce qui n'était pas son œuvre, il semblait lui-même professer, de parti pris, un extrême dédain pour tout ce qui eût pu ressembler au culte de la forme extérieure. En ce moment, il était complétement absorbé dans les détails minutieux d'une de ses occupations favorites, qui consistait à enduire le tain d'un miroir d'une sorte de pâte à demi liquide dont la composition lui appartenait. L'œil de sa fille suivait tous ses mouvements avec une inquiétude qui lui eût révélé, s'il l'eût observée, combien elle fondait peu d'espérance sur le résultat de ses

---

[1] C'est-à-dire *tombés dans la disgrâce de Dieu*. C'est un flandricisme.

combinaisons; mais attentif et comme charmé par son essai, il ne la voyait même pas.

Une heure s'était passée dans cette contemplation muette et douloureuse d'une part, et dans cette savante niaiserie de l'autre, quand Constance entendit dans l'escalier le bruit d'un pas léger dont l'accélération lui fit relever sa jolie tête blonde, écouter un instant, puis courir à la porte. Aloysius entra.

—Tiens, voici un pain, dit-il à sa sœur; ni toi ni lui ne souffrirez aujourd'hui encore de ce mal affreux, la faim! Mais, hélas! plus tard, demain peut-être, vous aurez à le supporter. Prends donc ceci, chère Constance, c'est tout ce qui nous reste.

—Mais toi, Aloysius?

—Oh! moi, j'ai mangé en chemin.

Et le noble enfant détourna la tête, car il savait mal cacher la vérité, et ce qu'il disait là était un sublime mensonge.

—Et voici autre chose encore pour vous, mon père, ajouta-t-il en s'avançant vers le vieillard pour lui présenter un débris de miroir.

Martin Crabbe ne lui répondit que ce seul mot: Merci! qui sembla sortir avec effort du plus profond de sa poitrine; mais l'expression de joie enfantine que prit son regard, illuminé d'un nouveau rayon d'espérance, fut une douce récompense pour son fils, qui n'en ambitionnait point d'autre.

Pendant que le pauvre maniaque reprenait avec une ardeur croissante son interminable tâche, Aloysius attira la jeune fille dans un coin de cette chambre nue et désolée.

—N'y a-t-il donc plus rien ici qu'on puisse vendre? lui demanda-t-il à demi voix.

—Hélas! non. Tout a été vendu pièce par pièce; et à quels prix! tu le sais.

—Des habits?

—Il ne nous reste que ceux que nous portons.

—Le verre brisé?

—Vendu depuis trois jours.

—Si je pouvais emporter, sans qu'il s'en aperçût, quelque instrument de chimie... Il y a des marchands qui en donneraient un prix *civil*[1].

—Y penses-tu, frère? Ce serait le tuer que de lui causer un tel chagrin, car il ne tarderait pas à découvrir tout.

—Mais que faire? ma bonne Constance.

—Prier Dieu, et attendre qu'il vienne à notre secours, répondit-elle en pleurant amèrement.

—N'as-tu pas encore?... Oh! je n'ose te le dire.

—Qu'est-ce donc? fit-elle en l'interrogeant du regard et du geste.

—Les boucles d'oreilles de notre chère mère?

—Oh! frère, faut-il donc les abandonner aussi? Tout, tout plutôt qu'un tel sacrifice! Ses autres bijoux ont déjà passé dans des mains étrangères, ils sont, à l'heure qu'il est, étalés derrière les *blaffetures*[2] des boutiques; celui-là est le seul qui nous reste de toutes les choses qu'elle a touchées, qu'elle a portées! une si précieuse relique ne doit pas quitter : en souvenir d'elle, que je n'ai pas connue, moi, et qui est morte pour te donner la vie, à toi, il faut le garder à tout prix, entends-tu!

[1] Flandricisme, pour *un prix honnête, raisonnable*.
[2] Flandricisme, pour *volets, devanture*.

Aloysius baissa la tête, comme si accablé enfin de tout le poids de leur commune misère, il eût renoncé à tout expédient.

—S'il ne s'agissait que de nous deux, reprit-il enfin après un instant de silence, tu aurais bien raison, ma Constance. Mourir de faim quelques jours plus tôt ou plus tard, que nous importe ! Mais lui (il montrait du doigt le vieux Crabbe acharné à son fantastique ouvrage), avons-nous le droit de prononcer son arrêt? Notre premier devoir est de nous priver de tout pour lui.

—Oh! ma mère, qui nous voyez et nous entendez sans doute, s'écria-t-elle avec un accent de douleur déchirant, votre image tant de fois rêvée n'en sera pas moins imprimée dans nos cœurs. Pardonnez-nous de nous séparer du dernier de vos dons; c'est pour notre père, que vous aimiez tant aussi !

Irrésolue encore, elle se tut pendant quelques minutes.

—Allons, dit-elle en se relevant de cet abattement, pas de faiblesse ; à quoi bon se révolter contre la nécessité?

Elle prit une petite boîte et sortit.

Quand elle revint, elle avait encore à la main la même petite boîte, où étaient toujours les boucles d'oreilles de feu Mme Crabbe ; et cependant, au grand étonnement d'Aloysius elle lui montra, l'œil étincelant de joie, plusieurs pièces d'argent qu'elle venait de tirer de son corsage. Ne sachant à quoi ni à qui attribuer le bienfait si peu espéré d'une pareille fortune, le jeune homme, muet et comme stupide de contentement, regardait alternativement cet argent et sa sœur qui jouissait avec délices de sa surprise et de son bonheur ; il n'osait l'interroger dans la crainte de voir ce petit trésor disparaître comme un songe s'envole au réveil.

—Est-ce un rêve? lui demanda-t-il enfin; quelle baguette de fée as-tu fait mouvoir?

—Il n'y a là ni baguette de fée, ni rêve; j'ai saisi l'occasion aux cheveux, quoique notre vieux livre de mythologie prétende qu'elle est chauve, répondit-elle avec un doux sourire qui depuis longtemps n'avait pas effleuré ses lèvres.

—Que veux-tu dire? Oh! parle clairement.

Pour toute réponse la jeune fille se décoiffa. Le plaisir, le regret, l'admiration arrachèrent à la fois un cri à son frère qui, les yeux pleins de larmes, se jeta dans ses bras où elle le retint longtemps. Plutôt que de vendre le bijou qui lui rappelait sa mère, l'excellente jeune fille avait préféré faire tomber sous les ciseaux sa magnifique chevelure, qu'elle avait vendue à un coiffeur moins cher qu'elle ne valait réellement. Sacrifice énorme pour une jeune fille de seize ans qui n'avait, dans sa pauvreté, que cet ornement naturel pour toute parure.

—C'est bien, c'est beau ce que tu as fait là Constance, lui dit son frère, profondément ému.

—Mais non, repartit-elle, c'est tout simple, et cela m'a peu coûté.

—Va, je t'aimais bien déjà, mais je t'en aime encore davantage.

Quelques jours s'écoulèrent pendant lesquels on vécut de l'argent dû à la piété filiale et fraternelle de Constance. Le vieux Crabbe, que le succès fuyait toujours, mais qui ne l'en poursuivait pas avec une moindre opiniâtreté, n'avait pas remarqué la titus de son héroïque fille : nous l'avons dit, dans sa maison comme dans le monde entier, il ne voyait rien que son œuvre ; à tout autre égard, sa vie était purement mécanique.

—Sœur, dit un soir Aloysius à Constance, l'argent que tu as si glorieusement gagné diminue de jour en jour, et le dénûment va revenir avant que tes jolis cheveux aient eu le temps de repousser. Laisse-moi prendre néanmoins une partie de ce qui nous en reste encore. J'ai un projet à réaliser. Une idée m'est venue hier que je voudrais mettre à exécution.

—Une idée? Oh! tu me fais trembler, frère. Si tu allais, comme notre pauvre père, faire dépendre notre existence du succès de quelque conception chimérique !

—Rassure-toi, sœur ; la tentative que je médite est plus humble et aussi plus positive que tous ses essais, et il ne faut pas s'en effrayer ; aie confiance en moi.

—Je ne demande pas mieux, cher Aloysius, c'est peut-être Dieu qui t'inspire. Prends donc l'argent qui t'est nécessaire, mais sois prudent.

Muni de plus de la moitié de la petite somme en laquelle consistait la dernière ressource de la famille, Aloysius se rendit dans la rue des Fripiers et fit de menus achats dans diverses boutiques. Quelle ne fut pas la stupéfaction de Constance, et nous pourrions même dire sa douleur, quand elle vit à son retour le singulier emploi qu'il avait fait de l'argent mis à sa disposition ! Il était difficile, en effet, de s'expliquer tout d'abord l'usage qu'il prétendait faire des objets qu'il apportait à la maison, et parmi lesquels figurait notamment... une bêche. Elle se demanda si la folie était contagieuse, et si son frère n'allait pas devenir maniaque à son tour pour qu'il ne manquât plus rien à leur malheur.

—Sois sans inquiétude, lui dit-il en devinant les pensées qui la troublaient, je n'ai pas perdu la raison, et voici l'instrument de notre salut.

—Cette bêche?

—Oui, tu verras comment j'ai imaginé de la transformer.

Et aussitôt il se mit à l'œuvre. Il commença par tracer, à l'aide d'une espèce de poinçon, un dessin flamboyant sur la surface plate de l'outil. Cette besogne achevée, il fit mordre ce fer par une lime et le découpa en enlevant ainsi toutes les parties qui se trouvaient en dehors des lignes qu'il y avait gravées. Ce fut l'ouvrage de plusieurs jours. Cela fait, il procéda à la damasquinure, c'est-à-dire qu'il prépara le fer à recevoir de petits filets d'or et d'argent. Il se servit pour cette opération d'instruments et de matières qu'employait son père. Le succès dépassa ses espérances, et il arriva qu'à force de patience, d'invention et d'adresse, il avait fabriqué en quelques jours et à bien peu de frais une élégante et riche hallebarde. Il en revêtit le manche de velours rouge acheté chez un fripier et il le garnit de clous dorés. Jamais suisse de cathédrale, jamais garde du palais ne fit résonner sur les dalles de marbre une arme de parade de meilleur style. Un brocanteur juif lui en donna un prix modique, il est vrai, mais qui le satisfit, et il lui promit de lui acheter toutes celles qu'il lui apporterait. Le jeune artiste, encouragé par ce succès sur lequel il n'avait osé compter, se remit à l'œuvre avec ardeur, avec acharnement. Sa sœur, non moins courageuse que charmante, ne craignit pas d'employer ses mains délicates et blanches à un travail si rude, et elle seconda autant qu'elle le put l'ingénieux faiseur d'armes antiques. Fiers à bon droit de pouvoir se suffire à eux-mêmes et de nourrir leur vieux père du produit de leur labeur, les deux enfants rivalisaient de zèle et d'activité; prolongeant leur veilles et se levant au premier chant du coq matinal, ils bravaient la fatigue et ne se plaignaient jamais. C'était pourtant une vie bien dure que celle qu'ils menaient, une vie bien triste et bien vide; mais ils savaient l'égayer par le contentement d'eux-mêmes, ils savaient la remplir de devoirs, et qui dit devoirs accomplis, dit plaisir et joie.

Pendant plus d'un an la modique rétribution des travaux manuels du frère et de la sœur alimenta l'indigente famille; mais Aloysius, dont cette vie sédentaire et des fatigues excessives ruinaient l'organisation déjà débile, sentit ses forces trahir son courage. Sa santé s'altéra gravement et il dut ralentir son zèle pour ne pas compromettre avec son existence celle de son père et de sa sœur. Les ressources diminuèrent sensiblement, et aux privations anciennes il fallut en joindre de nouvelles. Cependant Martin Crabbe poursuivait le cours de ses hasardeuses expériences.

—Demain, dit-il un soir à ses enfants étonnés de l'entendre rompre son silence habituel, demain je saurai si je suis un fou comme on le dit, ou un inventeur immortel; demain le résultat de mon dernier essai sera connu, ce sera pour moi le jour d'un triomphe éclatant ou d'une désespérante défaite. Priez Dieu pour qu'il éloigne de moi la honte d'un échec.

—Qu'allez-vous donc faire mon père? demanda Constance.

—Vous le saurez demain, si je réussis. Laissez-moi seul

avec mon idée, et dormez tandis que j'accomplirai ma veille suprême.

Les deux enfants l'embrassèrent avec une tendresse compatissante et allèrent chercher sur leurs grabats un repos si nécessaire et si bien gagné.

Le vieux Crabbe s'abandonna longtemps à d'étranges réflexions, à en juger par son immobilité et par la contraction nerveuse qui bouleversait sa physionomie. En présence de la décisive épreuve qu'il allait tenter, il souffrait d'un horrible doute; la crainte affreuse d'avoir sacrifié tant d'années à une recherche infructueuse lui serrait le cœur, et il se sentait en même temps enivré de l'espoir de toucher enfin au succès si longtemps rêvé. La tête lui tournait comme s'il se fût trouvé subitement transporté au haut de Sainte-Gudule, ou comme s'il avait pour un moment pris la place de la statue de saint Michel sur le sommet de l'hôtel de ville. Quand il sortit de cette apparente léthargie, il saisit une plaque de verre étamée qu'il avait préalablement soumise à une préparation particulière; puis il se dirigea vers la couchette de Constance, et plaça son miroir devant l'angélique visage de sa fille endormie. Il l'y tint pendant deux heures, et ensuite il enduisit le revers d'une espèce de pâte de son invention; après quoi, il enveloppa d'un lambeau d'étoffe de laine cette glace sur laquelle il espérait avoir fixé l'image de la belle enfant. Six heures devaient s'écouler avant que son expérience eût produit son effet. Dans quelle fiévreuse anxiété le vieillard attendit que ce temps, qu'il jugeait rigoureusement nécessaire, fût passé, nous n'essayerons pas d'en donner une idée, même approximative. Il chercha en vain à se soustraire par le sommeil au tourment de l'impatience ; le trouble profond qui le dominait lui causa une cruelle insomnie. Il se demandait, avec une sorte de terreur, si le jour à la fois tant désiré et tant redouté serait signalé par la ruine de toutes ses espérances ou la réalisation de ses rêves les plus chers.

On était alors à l'époque de l'année où quelques heures d'obscurité seulement séparent les deux crépuscules. Dès que l'aurore permit de distinguer les objets, Martin Crabbe, violemment agité, se leva sans bruit. Cependant Constance, que le sommeil fuyait aussi, l'avait entendu. Elle se leva en même temps que lui pour l'observer sans être aperçue. Elle s'avança vers lui avec précaution et à pas lents, et au moment solennel où le vieux chimiste enlevait le chiffon de laine qui recouvrait son miroir préparé, elle se haussa sur la pointe du pied et regarda par-dessus l'épaule du tremblant expérimentateur. Celui-ci à la vue de cette image reflétée si exactement avec ses couleurs et ses nuances par la glace polie, crut au succès de son épreuve ; il sentit ses jambes se dérober sous lui ; le miroir échappé de ses mains se réduisit en éclats. Rayonnant, éperdu, le pauvre vieillard jeta un grand cri :

—Aloysius ! au secours ! Aloysius ! appela Constance dans les bras de laquelle son père se laissa glisser. Notre père se meurt, dit-elle au jeune homme aussitôt accouru. O mon Dieu ! une fausse joie nous l'a tué, et c'est moi qui serai la cause de sa mort ! Vite ! du vin, du vinaigre, quelque chose ! O mon Dieu ! que faire ?

Aloysius, avec toute la célérité que donne le désespoir, alla chercher un médecin, le médecin des pauvres. Les secours de cet homme charitable furent impuissants ; la congestion cérébrale dont Martin Crabbe venait d'être frappé l'emporta quelques heures après. Aloysius et Constance, muets de douleur, ne purent rien pour lui, rien qu'unir leurs prières et leurs larmes ; prières ferventes, larmes brûlantes.

Le chagrin déjà si cuisant des deux malheureux enfants se compliqua d'une autre peine ; leur père les laissait dans une telle misère, qu'ils n'avaient pas de quoi couvrir les frais de ses funérailles. Mais une piété filiale si vraie et si haute devait survivre à son objet, et surmonter tous les obstacles en créant des ressources nouvelles.

Ce même jour, Aloysius entra pour la première fois dans la salle des ventes, rue de la Colline. Il déposa entre les mains du crieur quelques objets dont l'officier public fit l'énumération et qu'il inscrivit. Après avoir accompli cette formalité, le jeune garçon se mêla aux brocanteurs qui se tenaient debout derrière les marchands de chiffons assis sur les bancs, et là il attendit en silence et avec une visible inquiétude.

Non loin d'Aloysius se tenait une jeune femme mise avec élégance et couverte d'une faille rabattue. Sous ce vêtement, si propice au mystère et à la timidité, l'inconnue ressemblait à une personnification mythologique de la Discrétion. Protégée contre les regards indiscrets par les plis symétriquement disposés de sa faille, elle observait avec intérêt et commisération l'émotion que l'enfant réussissait mal à contenir, et sympathisait avec lui sans connaître toute l'étendue d'un malheur qu'elle semblait avoir deviné. Quand le crieur mit aux enchères les objets présentés par Aloysius, qui étaient plusieurs instruments de physique et des boucles d'oreilles (celles de sa mère), deux amateurs seulement surenchérirent et de bien peu.

« '*Tis voor niet !* » disait un flamand à l'officier public.—
« En effet, c'est pour rien, répétait celui-ci, mais s'il n'y
« a pas d'amateurs ? » Les objets exposés allaient être
adjugés à un prix d'une modicité incroyable ; personne ne
surenchérissait plus, lorsque la jeune dame voilée s'avançant jusqu'à la chaise du crieur dont la baguette d'ivoire
allait retomber, centupla la somme, et rendant ainsi toute
rivalité impossible, se rendit adjudicataire des instruments et du bijou. Chacun regarda son voisin avec un
point d'interrogation sur les lèvres et dans les yeux ; on
se demanda ce que signifiait ce caprice exorbitant. Les
juifs, habitués de ce lieu, taxèrent de folie l'acte inexplicable de cette dame. Pour certaines gens, c'est être insensé
que d'être généreux. Quant à Aloysius, qui s'était senti
tout inondé d'une sueur froide pendant la durée de ce
petit drame, aussi surpris que les autres de ce dénoûment
inespéré, il ne put que saisir la main de la bienfaitrice que
lui envoyait la Providence, et attester sa reconnaissance
par ses pleurs. Il reçut l'argent, produit de cette vente
extraordinaire, et se dirigea muni de ce précieux trésor
vers la rue des Épingles. Il n'eut pas plus tôt raconté
cette aventure à sa propre sœur que la porte de leur
chambre se rouvrit, et que l'inconnue, qui de loin l'avait
suivi, se montra sur le seuil tenant à la main les boucles
d'oreilles et les instruments qu'elle avait acquis à la salle
des ventes.

—C'est elle ! s'écria Aloysius.

Et aussitôt le frère et la sœur se jetèrent à ses pieds en
lui prodiguant toutes les bénédictions et tous les remercîments qu'ils trouvaient dans l'effusion de leurs cœurs. La
jeune femme, dont les yeux étaient humides, releva les

deux orphelins et jetant autour d'elle un regard triste et doux :

—Vous êtes donc bien malheureux? mes pauvres enfants, dit-elle.

Pour toute réponse, Constance la conduisit vers le lit où gisait le corps roide et glacé de son père :

—Il était toute notre famille, répondit-elle en sanglotant, et nous sommes si dénués de tout, que sans votre bienfaisance, Madame, nous aurions été obligés de le faire enterrer par charité, lui que nous aimions tant!

Mme Caroline Marels était veuve, quoique jeune ; riche et sans enfants elle était la providence des malheureux ; les chercher dans leurs retraites, les secourir, les consoler était l'occupation et le charme de sa vie.

—Vous êtes deux excellents cœurs, deux angéliques créatures, dit-elle aux enfants de Martin Crabbe après avoir écouté le récit, touchant dans sa simplicité, des souffrances de toutes sortes qu'eux et leur père avaient endurées ; Dieu vous récompensera de votre vertu. Vous avez en moi une amie ; je me charge de votre avenir et veux vous faire la vie belle.

Aujourd'hui, Constance se nomme Mme Van Coster ; elle est la femme d'un ingénieur des mines. Quoique son mari l'aime assez pour lui offrir les bijoux les plus nouveaux, elle ne porte jamais d'autres boucles d'oreilles que celles de sa mère.

Aloysius est un inspecteur des douanes. Quand on entre dans son salon, qui ne se distingue d'ailleurs par aucune autre singularité, on remarque de chaque côté de la porte une magnifique hallebarde damasquinée.

Martin Crabbe, ce vieux chercheur inconnu, qui dans

les rêves de son cerveau malade avait entrevu les magnifiques résultats de cette belle découverte faite depuis par Daguerre, Martin Crabbe est enterré à Bruxelles; sa tombe en marbre blanc est toujours ornée de couronnes fraîches et de fleurs nouvelles.

Alphonse Duchesne.

LE ROI DE LA FÈVE.

Le Roi boit !

LE ROI DE LA FÈVE

Histoire flamande.

I

Est-il vrai, Jordaens, que tu veux me quitter pour t'enrôler dans la bande de Rubens ? Ce bruit est arrivé jusqu'à mes oreilles, et, après tout, je n'en ai pas été surpris : le succès flatte toujours les hommes ; on court du côté où il se fait le plus de tapage, et l'on oublie volontiers les maîtres qui ont vieilli. Qu'est-ce que Rubens ? Mon élève. Il ne sait rien que par moi ; et maintenant, parce qu'il a conquis la faveur publique, parce que nos plus grands bourgeois d'Anvers n'estiment rien tant que sa manière fougueuse et sa couleur étrange, il n'y a pas un apprenti peintre qui ne s'imagine devoir suivre les traces du maître nouveau.

Quant à toi, Jacques, je n'eusse jamais cru que tu montrerais à mon égard le même oubli, la même ingratitude.

—Le mot est dur, maître, répliqua Jordaens, qui sentait sa main trembler en tenant le pinceau.

—Il n'est que juste, dit Van Ort, dont l'irritation était parvenue à son comble, et qui se promenait à grands pas dans son atelier. En principe, j'ai toujours blâmé ceux qui changeaient d'école; à plus forte raison, lorsqu'il s'agit d'un élève que j'ai choyé et traité comme un fils. Après tout, ajouta-t-il en s'arrêtant soudain et en modifiant l'accent de sa voix, je n'ai pas sur toi l'autorité d'un consul ou d'un échevin; nous avons passé un contrat volontaire, tu peux le rompre. Va donc ailleurs, si tu crois y trouver ton avantage.

—Permettez, maître, répartit le jeune homme, encouragé par le calme qui paraissait se rétablir dans l'esprit de Van Ort, mon avantage est, à mes yeux, fort peu de chose. J'ai du courage, j'ai du temps devant moi, et par conséquent je suis à peu près certain d'arriver. Mais ce qui me touche surtout, c'est l'art. Il n'est jamais permis de négliger les moyens qu'on peut trouver d'améliorer son talent. Si j'ai songé à étudier sous Rubens, c'est que j'ai découvert en lui une certaine affinité avec ma nature, et que, grâce à ses secrets, si je parviens à les saisir, je pourrai développer ce qui est en moi.

—Voyez-vous l'ambition! Tout à l'heure, c'était en qualité d'élève qu'il se proposait d'aller vers Rubens; à présent, c'est comme rival.

—Pas si tôt; mais pourquoi pas plus tard?

—De l'orgueil!...

—Non, maître, mais de l'émulation. Au reste, vos

paroles, en constatant la supériorité de Rubens, justifient ma résolution.

—Fort bien, dit Van Ort avec amertume, que rien ne t'arrête, mon garçon. Tu es libre. Mais le soir tombe, je te quitte; il faut que j'aille à ma taverne du *Grand Cygne*. Ah! vive un bon pot de bière pour faire oublier les ennuis de la vie! Réfléchis avant de t'éloigner. Encore une fois, je ne te contrains pas; ta raison te guidera..... et peut-être aussi ton amitié.

— Oh! mon amitié ou plutôt ma reconnaissance pour vous sera éternelle! dit Jordaens avec chaleur, en présentant docilement au peintre son manteau, ses gants et son chapeau.

Il était resté seul, livré à une véritable anxiété, et repassant dans son esprit les paroles qu'il venait d'échanger avec son maître, lorsqu'une porte latérale s'ouvrit, et livra passage à une femme âgée et à une jeune fille dont la beauté avait un éclat extraordinaire et était rehaussée par l'expression la plus modeste. Jordaens poussa un cri de joie, en même temps que la timidité le retenait à sa place. Jamais jusqu'à ce jour dame Van Ort et sa fille Catherine ne lui avaient fait l'honneur de paraître à son intention dans l'atelier, et il ne pouvait se dissimuler que cette visite était bien pour lui.

Dame Van Ort ne le tint pas longtemps en suspens.

—Jacques, dit-elle avec un accent d'intérêt maternel, le bruit de la voix irritée de mon mari nous a attirées de ce côté. Je regrette de savoir la cause du débat; vous paraissiez avoir tant d'amitié pour nous!

—Puisque vous avez entendu les reproches, dit Jordaens en baissant les yeux, vous avez dû aussi, Madame, entendre ma réponse. Elle n'a pu vous laisser ignorer quels sont mes sentiments à l'égard de maître Van Ort. Plus tard il me rendra justice ; mais vous, qui êtes calme, appréciez mieux ma conduite. Je me considère toujours comme l'élève du peintre habile qui le premier a guidé mon pinceau ; en allant chez Rubens, je ne fais qu'obéir à mon devoir, qui est de chercher autant que possible la perfection.

—Sans doute, mais....

—Ai-je tort, oui ou non?

—Je ne dis pas que vous ayez tort ; cependant....

—Ma bonne mère, dit vivement Catherine, voulez-vous me permettre de donner mon avis?

— Pourquoi pas? répondit dame Van Ort un peu étonnée.

—Il me semble que M. Jordaens doit, avant tout, songer à son avenir, et qu'il serait mal d'exiger de lui le sacrifice de sa liberté. Si Dieu l'a inspiré, nul ne saurait lui demander compte de ses résolutions.

—Il se peut, objecta la mère, mais Van Ort ne comprendra jamais ces raisons-là. Ma fille toute la première sait ce qu'il y a de fixité dans ses idées, et combien il est difficile de le faire changer. Depuis trente ans que son propre frère Samuel est parti après avoir dissipé sa part d'héritage, il n'a plus voulu entendre parler de lui. Ni mes représentations ni mes prières ne l'ont fait fléchir à ce sujet.

—Eh bien ! dit Catherine, j'entrevois un moyen de tout concilier.

—Parlez, oh! parlez vite, Mademoiselle! s'écria Jordaens, le cœur plein de joie.

—Voici : vous pourriez diviser votre temps; en consacrer une part à Rubens, l'autre à votre premier maître, et je gage que cet arrangement ne déplairait pas à mon père.

—Vous êtes un ange du ciel! dit le jeune homme en battant des mains et se disposant à sortir.

—Où courez-vous? demanda la mère.

—Trouver maître Van Ort.

—Dans quel but?

—Vous le saurez bientôt.

Au bout de quelques minutes, Jordaens arriva devant la taverne où le peintre tenait ses assises accoutumées, une pipe à la bouche et des cartes dans les mains. Il l'aborda d'un air riant. L'artiste fut flatté de cette espèce d'amende honorable. Il écouta tranquillement le plan formé par Jordaens, puis il dit en hochant la tête :

—Tiens! tiens! ce n'est pas si maladroit, mon garçon. Tu t'arranges pour être bien avec tout le monde. De la part d'un autre, cette idée me semblerait un calcul; mais toi, je t'en sais incapable. Tu as du feu, trop peut-être, mais tu es sans duplicité. Voyons, sur six jours de travail, tu en donnerais trois à Rubens, trois à moi? J'accepte pour la singularité du cas.

Et remplissant d'une bière écumante son grand gobelet d'étain, le peintre l'éleva en l'air d'une façon magistrale.

—Le roi boit!... s'écria gaîment Jordaens.

—Si c'est la royauté de l'art que tu m'adjuges, dit Van Ort, j'accepte. Ah! çà! ajouta-t-il en baissant la voix et se penchant vers son élève et vers l'échevin Coppelt, qui faisait ce soir-là sa partie, qu'est-ce qu'il a donc ce vieillard qui est là-bas à me regarder si fixement? Je n'aime point ces visages d'inquisiteur. Le connaissez-vous, mon cher Coppelt?

—Nullement, maître.

—Et toi, Jordaens?

—Pas davantage.

En répondant ainsi, le jeune homme s'était tourné à demi et avait observé le personnage mystérieux qui causait de l'ombrage à Van Ort.

—Une belle tête! dit-il. Quelle barbe magnifique!

—C'est cela, dit à son tour le peintre; il admire tout de suite, l'enthousiaste. Quant à moi, j'ignore pourquoi cet homme m'inquiète, me gêne. Ses yeux ne m'ont pas quitté depuis le moment où il est entré.

—Peut-être a-t-il besoin d'assistance....

— Bon! bon!... si c'est un pauvre, un fainéant, qu'il ne me demande rien.

—Cependant.....

—Ne va pas faire le généreux et me l'attirer. Les vagabonds ne m'ont jamais plu.

Le vieillard avait-il saisi quelqu'une de ces dures paroles? Nous l'ignorons; mais bientôt après, il se leva gravement et alla se placer au fond de la taverne, à la dernière table.

Van Ort respira, comme si sa poitrine eût été allégée d'un poids considérable.

Et Jordaens, sentant un vague intérêt pour cet inconnu, le suivit d'un regard compatissant.

II

Peu d'années suffirent à Jordaens pour devenir d'élève un maître à son tour. Si le ciel n'eût pas donné Rubens à la Flandre, Jordaens eût pu suppléer ce grand artiste. Il n'avait pas moins d'abondance, de facilité, de fougue. Sauf l'exquise distinction qu'il n'avait pu aller étudier de près chez les Italiens, il possédait toutes les qualités qui font l'homme supérieur. Nulle difficulté n'arrêtait son pinceau; en quelques jours il créait une œuvre achevée. Déjà les souverains étrangers connaissaient, estimaient son nom, quoiqu'il dit avec simplicité : « Je ne suis que l'élève de Van Ort et de Rubens, » et le roi de Suède, Charles-Gustave, lui avait commandé les douze tableaux de la Passion.

Il était arrivé à cet heureux instant où chaque pas est un acheminement vers la gloire et la fortune, lorsque Rubens lui dit un jour :

—Je vais partir pour la France, où je porte mes compositions en l'honneur de Sa Majesté la reine Marie de Médicis. Il y aura des retouches à faire. Je compte t'emmener.

Jordaens s'inclina, car il était habitué au respect et à la soumission. Mais il y avait encore un homme qu'il respectait et aimait, et il alla demander conseil à Van Ort.

Comme il traversait la rue Renders, qu'habitait son ancien maître, il s'arrêta tout à coup, frappé d'étonnement, devant un vieillard qu'il reconnut aussitôt pour celui-là même qui avait causé à Van Ort une si désagréable impression. Avant qu'il se fût remis de son étonnement, le vieillard mit la main à son chapeau et l'aborda en lui demandant avec une certaine timidité la faveur de l'entretenir.

—Parlez, dit Jordaens, d'un ton de franche bonté. Puis-je vous être utile?

—Oui, Monsieur. Voudriez-vous m'admettre à poser devant vous?

—Mais très-volontiers. Nulle part je ne trouverais une tête qui convînt mieux aux travaux que j'ai à exécuter. Cependant il y aura peut-être un obstacle…

—Lequel? dit tristement le vieillard.

—Si j'étais obligé de partir dès demain pour la France…

Jordaens s'empressa d'ajouter :

—Je ne sais pas encore. J'ai besoin de prendre conseil de mon cher maître Van Ort. En tout cas, croyez que ma bourse est à votre disposition, et veuillez m'aller attendre chez moi.

Il lui indiqua son adresse, et le quitta pour entrer chez Van Ort, qu'il trouva en compagnie de sa femme et de sa fille.

—Ah! voici mon digne élève! s'écria le peintre. J'ai de tes nouvelles, mon gaillard. Peste! rien qu'une commande du roi de Suède! Pour peu que cela continue, tu feras bientôt le tour des souverains. J'espère à présent que tu n'es point fâché d'avoir patiemment suivi mon école et écouté mes conseils? Ce n'est pas ton Rubens seul qui t'eût conduit si loin!

Jacques ne put s'empêcher de sourire, quelque préoccupation qu'il eût au fond de l'âme. Mais presque aussitôt le sentiment de la réalité amena un soupir sur ses lèvres.

—Je vous remercie bien, dit-il, de la bonne opinion

que vous avez de moi. Je n'ai pas oublié quelle dette j'ai contractée envers vous, et jamais je ne l'oublierai. Mais, de grâce, mon cher maître, soyez plus équitable envers Rubens...

—C'est bon, c'est bon ; je sais ce que j'ai à penser. Enfin ta visite a-t-elle un but? As-tu du nouveau à m'apprendre?

Ce fut avec un certain embarras que Jacques répondit :

—Du nouveau?... Oui, mon cher maître. Rubens part pour la France où l'appelle Marie de Médicis; il a besoin de moi et m'a prié de l'accompagner.

A cette confidence allait succéder une tempête; mais Van Ort s'aperçut que sa fille venait de couvrir de ses mains son visage baigné de larmes.

—O ciel!... mon enfant qui pleure!... Qu'est-ce donc, mon Dieu!... Catherine, Catherine, qu'y a-t-il? Ne me cache rien!... Je ne veux pas que tu pleures, moi qui ne t'ai jamais causé aucun chagrin.

Jordaens se joignit au peintre :

—Mademoiselle Catherine... cela me fait bien de la peine aussi... Mes paroles vous auraient-elles désobligée, vous qui êtes si bonne, vous pour qui j'ai tant d'amitié?...

Catherine releva la tête; un sourire charmant avait succédé à son air d'affliction.

—Allons, dit-elle, que Dieu vous protége, Monsieur Jordaens; et si vous devez rester en France...

—Lui! s'écria impétueusement Van Ort, je lui défends d'y aller!

Jordaens le regarda avec un mélange d'étonnement et de soumission, en disant :

—Je suis venu prendre votre avis, et vous savez, maître, que j'ai trop l'habitude de vous obéir pour résister à vos ordres, dussent-ils me paraître nuisibles à mon avancement.

—Vous entendez, mon père, dit Catherine. Monsieur Jordaens trouvera un grand avantage dans ce voyage. Bénissez-le et qu'il parte.

—Non, non, je le répète, il ne partira pas. Ah! çà, mon cher garçon, t'imagines-tu que je sois un despote et que je veuille te retenir à Anvers, qui s'honore de ton talent, sans t'offrir une compensation?

—Une compensation, à moi? murmura Jacques, interdit et rouge d'émotion.

—Par ma moustache! je crois qu'il commence à comprendre. Écoute : de tous mes biens en ce monde, le plus précieux, c'est ma Catherine... Mes enfants, donnez-moi vos mains pour que je les unisse.

Les deux jeunes gens ne purent proférer une parole; mais par un mouvement instinctif, ils s'agenouillèrent devant le vieux peintre, qui les fiança en élevant ses regards au ciel.

Heureuse journée! douce causerie où l'on fit mille projets de travail, mille rêves, tandis que Van Ort disait à sa femme :

—C'est égal, je suis content; je l'ai emporté sur Rubens. Jacques nous restera, et je compterai un enfant de plus!

Mais tout à coup, au milieu de cette intimité, une pensée frappa Jordaens. Il songea au pauvre vieillard qui l'attendait.

—Mon Dieu! s'écria-t-il.

—Qu'est-ce donc? demandèrent les assistants assez surpris.

—J'avais oublié... un malheureux qui m'a abordé dans

la rue comme je venais ici, et m'a prié de le recevoir chez moi.

—Hum! fit Van Ort, ne faut-il pas se déranger pour le premier venu!

—Pardon, mon père, dit Jordaens, mais il me semble que si je manquais à ma promesse envers cet infortuné, cela ne porterait pas bonheur à mon mariage.

Catherine se joignit à son fiancé, qui sortit à la hâte, préoccupé du mystérieux vieillard.

III

L'inconnu n'était pas entré chez Jordaens; mais avec une discrétion craintive, il s'était assis sur un banc de pierre, près de la porte, et il attendait, le visage penché vers le pavé.

—Excusez-moi, dit Jacques, je sors de chez mon maître où j'ai été retenu longtemps. Le bonheur m'avait fait perdre la mémoire.

Un rayon brilla dans les yeux de l'inconnu.

—Le bonheur! répéta-t-il; est-ce qu'il existe sur la terre?

—Sans doute, pour qui remplit son devoir et cherche avant tout les satisfactions de la conscience.

—Vous dites vrai, Monsieur!...

—Entrons, entrons vite. Vous n'êtes que trop resté dans la rue.

Le jeune homme introduisit le vieillard dans son atelier, où resplendissaient quelques esquisses des tableaux de la Passion.

—Tenez, dit-il, voici un personnage que je dois représenter plusieurs fois ; c'est saint Pierre : vous me serez très-utile pour cette figure.

—Je suis à votre disposition, Monsieur. Comment faut-il me placer ?

—Ah ! je vois que vous n'êtes pas habituer à poser.

—En effet, c'est la première fois que cela m'arrive.

Jordaens contempla son modèle avec intérêt. Laissant là ses crayons, il s'approcha du vieillard et lui prit les mains.

—Vraiment, dit-il, j'ignore pourquoi votre vue m'émeut ainsi, pourquoi j'hésite à accepter l'offre que vous m'avez faite. Soyez sincère avec moi ; avouez-moi qui vous êtes et quelles sont les circonstances pénibles qui vous ont amené à offrir vos traits vénérables à mon pinceau. Vous feriez injure à mon cœur d'artiste si vous éprouviez vis-à-vis de moi une fausse honte.

—Votre extrême bonté m'encourage, Monsieur, dit le vieillard en essuyant ses yeux humides. J'ai beaucoup voyagé, et franchement j'ai rencontré peu d'hommes comme Jordaens. L'élévation du sentiment s'accorde avec celle du mérite. Écoutez donc, puisque vous voulez un aveu complet. J'ai connu la richesse, mais je l'ai connue trop tôt, à l'âge de l'inexpérience : de folles dépenses, un luxe déréglé, des amitiés trompeuses m'entraînèrent dans une voie fatale, au bout de laquelle est la ruine. J'avais un frère aîné, plus sage que moi ; je repoussai ses conseils, je m'irritai de ses remontrances. Alors il me ferma son cœur et cessa de me voir. Le jour qu'il avait prédit arriva ; je me trouvai sans ressources. Que faire, hélas ? Je n'avais pas acquis l'habitude si précieuse du travail. On recrutait des soldats pour les Indes-Orientales : je m'offris et fus accepté. La casaque sur le dos, je partis. Inutile de vous raconter tout ce que j'ai souffert sur une terre lointaine et brûlante où je n'avais ni un parent ni un ami. Tour à tour j'ai été soldat, matelot, puis trafiquant. Rendu enfin à la raison par mille épreuves, je devins aussi économe que j'avais été prodigue. Dans ma dernière condition, je n'eus plus de trève que je n'eusse amassé un pécule suffisant pour me relever aux yeux de ma famille ; car c'était à elle que je pensais sans cesse, c'était pour elle que travaillait l'enfant prodigue.

—Vous n'êtes donc pas indigent comme votre costume le ferait croire ? dit Jordaens, avec une espèce de satisfaction.

—Dieu merci, non, Monsieur ; mais j'ai pris ces dehors plus que simples afin de n'être point reconnu à Anvers. La première fois que j'y suis revenu, je n'avais qu'un désir : revoir mon frère. Aujourd'hui, je ne veux pas m'éloigner sans que ce frère chéri m'ait embrassé et pardonné.

—C'est fort bien ; mais maintenant en quoi puis-je vous être utile ?

—Quoi ! n'avez-vous pas deviné que le frère dont je vous parle n'est autre qu'Adam Van Ort ?

—O ciel ! vous seriez ce Samuel dont il a prononcé plusieurs fois le nom devant moi ?...

—Il ne m'avait pas oublié !... dit à son tour le vieillard avec attendrissement. Mais non, ajouta-t-il d'un ton triste, ce souvenir était accompagné d'amertume : ne me le cachez pas, Monsieur.

—En effet, je l'avoue.

—Eh bien ! voici quel était mon plan et pourquoi je

me suis présenté à vous. J'avais dessein de vous révéler mes peines dès que j'aurais gagné votre confiance. Votre confiance ne s'est pas fait attendre, j'en rends grâces à Dieu. Je me disais donc que la générosité ordinaire à votre âge vous déterminerait à plaider ma cause auprès d'Adam, qui vous considère comme son meilleur élève...

—Bien plus, il m'accorde le titre de fils !

—Se peut-il !... Il vous donne sa Catherine, qui, dit-on, est un ange ?

—Oui, Monsieur ; et voilà ce bonheur dont je vous parlais. Mais je ne veux pas être le seul à être heureux, et il me serait doux que mon entrée dans la famille Van Ort fût le signal de votre retour parmi les vôtres.

—Comment faire ?

—C'est ce que je me demande. Maître Van Ort n'est pas homme à abandonner facilement ses préventions. J'essayerai cependant, je sonderai le terrain.

—Ce sera difficile, ne vous le dissimulez pas.

—Quel mérite y aurait-il à tenter une chose trop aisée ? dit Jordaens avec chaleur.

Et embrassant le vieillard :

—Tenez, ajouta-t-il, mon cœur m'annonce une victoire. Ne vous alarmez pas, je serai prudent. Évitez la rencontre de votre frère, et revenez ici demain savoir des nouvelles.

Jacques retourna chez son futur beau-père, où il était impatiemment attendu.

—Ah ! çà, dit maître Van Ort, j'aime à aller rondement en besogne. J'ai donc conçu l'idée de célébrer les fiançailles dès jeudi prochain, jour des Rois ! Nous ferons la fête en famille, et je compte sur mon gendre pour me tenir tête.

Ces paroles mirent Jordaens à l'aise. A l'instant même, son plan fut tracé dans son esprit.

—Vous m'enchantez, dit-il ; mais j'ai une grâce à vous demander.

—Laquelle ? parle ; si c'est possible, c'est accordé.

—C'est très-possible. Permettez-moi d'amener à notre petite fête un ami, un voyageur...

Van Ort fronça le sourcil en disant :

—Est-ce que tu y tiens beaucoup ?

—Beaucoup.

—En ce cas, fais ce qu'il te plaira. Et qu'est-ce que ce voyageur ?

—Un homme excellent, digne d'intérêt.

—Ah ! ceux qui reviennent de loin en ont toujours long à conter !

—Celui-là est l'honneur, la franchise même.

—C'est ce que nous verrons.

IV

Le jeudi arriva. Une table somptueusement dressée attendait les convives. Joardens parut chez Van Ort avec l'étranger. A l'aspect de ce dernier, le peintre frémit. Il avait reconnu son homme de la taverne du *Grand-Cygne*. Celui-ci s'inclina gravement, et, saluant les convives avec l'expression de la reconnaissance, il dit :

—J'ai mille remerciements à vous faire, vous qui voulez bien, sur la recommandation du bon Jordaens, m'admettre à votre fête de famille.

—Oui, oui, grommela Van Ort, c'est entendu. Pas de cérémonies.

—Voici la belle fiancée ?... ajouta le vieillard d'un ton pénétré. Puisse le ciel être favorable à son union !

Van Ort avait envie de riposter par quelque bourrade à ce vœu touchant. Il n'osa, en voyant que Catherine et Jordaens s'inclinaient sous la main du vieillard.

—A table ! cria-t-il.

Sur un plateau était posée une couronne de vermeil destinée à ceindre le front du *roi de la fève*.

Au dessert, le gâteau fut apporté.

—Hé ! attendez-moi ! dit une voix grotesque.

C'était Tobie Kriken, le *fou d'Anvers*, avec sa marotte, son bonnet surmonté d'espèces de cornes et sa face enluminée. Tobie avait, de par sa démence joyeuse, le droit d'entrer partout où il lui plaisait. Van Ort, qui s'amusait de ses propos, l'accueillit en riant.

—Viens, Tobie, tu auras ta part du gâteau.

—J'y compte, dit le fou. Il n'y a pas de bonne fête sans Tobie, et surtout chez les peintres, qui sont un peu mes cousins germains. Ah ! ce serait beau si j'avais la fève !

—Le hasard est bien capable de faire cette bouffonnerie, dit Van Ort. Mais quelle reine prendrais-tu ?

—Mille polders ! Catherine.

—Rien que cela ! Et que lui donnerais-tu à ta reine ?

—Deux onces de patience pour entrer en ménage.

Un rire bruyant accueillit ces paroles. Seul, le vieillard était demeuré grave et silencieux. Parfois Van Ort l'observait d'un œil inquiet. Il fut aussi bientôt l'objet de l'attention de Tobie.

—Tiens, dit le fou, voilà un aïeul que je ne connaissais pas. Est-ce un ambassadeur du Grand-Turc ? ou un honnête juif d'Amsterdam ? ou encore un illustre membre de la famille ?

—Vous avez peut-être fini par la vérité, dit à son tour le vieillard.

A ces mots, Van Ort tressaillit, tandis que Jordaens était sur les épines.

—A qui la fève ? demanda le fou. Quel dommage si je ne l'ai pas !... Mais je me consolerai en buvant à la santé de Sa Majesté. A qui la fève ?

—A moi ! répondit le vieillard.

Il la montra, aux applaudissements de Catherine, de sa mère et de Jordaens, et ayant pris la couronne, qu'il posa sur son front, il tendit son verre.

—Le roi boit !... crièrent les convives.

—Choisissez votre reine, dit Jacques en souriant.

Le vieillard indiqua Catherine.

—Eh ! bien, dit vivement le fou d'Anvers, puisque vous m'avez détrôné, quel cadeau ferez-vous à Madame ?

—Ma tendresse la plus vive.

—Oh ! oh ! c'est bien creux.

—Et de plus...

Tirant alors de la grande poche de sa simarre un portefeuille garni amplement de valeurs considérables, le vieillard l'ouvrit et le tendit à Jacques en disant :

—Mon enfant, voici ce que le roi de la fève offre à la fiancée. Acceptez ce don de mon amitié ; je sais quel bon usage vous en ferez. Celui qui remplit déjà l'Europe du bruit de son nom, celui-là saura être digne de la fortune comme il l'est de la gloire. Quant à moi, je dois me retirer ; je suis content, j'ai obtenu ce que je désirais. Jordaens, Catherine, n'oubliez pas dans vos prières Samuel Van Ort.

—Samuel !... tel fut le cri qui s'échappa de toutes les bouches.

Il y eut un peu d'irrésolution chez le peintre. Mais le sentiment qui le retenait n'eut que la durée d'un éclair ; il se leva pour se jeter dans les bras qui lui étaient ouverts.

—Mon pauvre frère !... Au diable les rancunes !

Et déjà Catherine était suspendue au cou de son oncle.

—Merci, Jacques, dit Van Ort, toi qui me donnes un fils et me rends un frère.

Et comme les questions se croisaient, le fou dit avec impatience :

—Çà, remettons-nous donc à table. L'émotion dessèche le gosier.

—Il a raison, dit Jordaens en riant. Sois tranquille, Tobie, je ferai un tableau de notre scène de famille, et je ne t'y oublierai pas.

—Bravo ! me voilà sûr d'arriver *ad sæcula !*

Samuel s'était remis à sa place ; il tendit son verre à un valet qui l'emplit, puis il le porta à ses lèvres.

Et l'assistance entière s'écria, d'une seule voix et avec l'expansion du bonheur :

—Le roi boit !

—*Le Roi boit !...* répéta Jordaens. J'appellerai ainsi mon tableau.

Alfred des Essarts.

MA TANTE ERNESTINE.

Je me jetai à ses genoux, et je fondis en larmes.

MA TANTE ERNESTINE

Ma tante Ernestine avait vingt ans lorsque je vins au monde. Quoiqu'il ne me soit resté de cet ange de la famille qu'un portrait assez mal ébauché, son visage est encore aussi présent à ma pensée que son souvenir l'est à mon cœur, et sa douce image m'apparaît encore comme une égide bienfaisante dans toutes les circonstances importantes de ma vie.

Mon grand-père était maître charpentier, et la maison qu'il occupait dans un des faubourgs les plus populeux de Paris lui appartenait. Cela, joint à de nombreux travaux d'entreprise, apportait à sa famille une honnête aisance.

Ma grand'mère mourut jeune encore, et laissa ses deux

enfants, ma mère et ma tante, toutes deux en bas âge. Aussi ne connurent-elles jamais ces trésors de tendresse, ces délicieuses mignardises, dont les mères seules ont le secret. Tout occupé d'affaires sérieuses, mon grand-père ne leur adressait ordinairement la parole que pour les réprimander et pour jeter un blâme sévère sur leurs jeux d'enfants.

L'affection des deux sœurs s'en accrut encore : nourries du même lait, à peu près du même âge, bonnes et sensibles toutes deux, leurs cœurs étaient bien faits pour s'entendre. Aussi, lorsque ma mère eut fait choix d'un époux, il n'entra pas un instant dans sa pensée de se séparer de sa chère Ernestine.

Mon père était un simple ouvrier charpentier, employé dès sa plus grande jeunesse dans le chantier. Ma mère l'avait distingué entre tous, pour son intelligence et les qualités de son cœur; aussi mon-grand père, qui l'aimait déjà comme un fils, crut assurer le bonheur de sa fille en le lui donnant pour époux et en lui cédant son fonds.

Dès le lendemain du mariage, ce fut à ma tante Ernestine que l'on remit toutes les clefs de la maison et la direction entière du ménage ; elle possédait un esprit d'ordre et d'économie qui n'entrait pas dans les habitudes de ma mère; aussi, depuis la cave jusqu'au grenier, depuis la bouteille de vieux Bordeaux qui ne paraissait sur la table que dans les grands jours, jusqu'aux belles poires de beurré d'Arembert que nous récoltions dans notre jardin, rien ne pouvait sortir sans son ordre ou sans sa permission.

La mort de mon grand-père vint encore resserrer l'union de ces trois personnes et la rendre pour ainsi dire indissoluble ; car une triste infirmité semblait interdire à ma tante toute idée de mariage. Pauvre tante ! je crois la voir encore avec ses yeux bruns et doux, ses cheveux noirs et soyeux, son front où rayonnaient la bonté et l'intelligence ! Hélas ! la nature, si prodigue envers elle d'un côté, avait été bien cruelle de l'autre; avec son esprit, sa gracieuse figure, ma tante Ernestine était bossue !

C'était là la plaie secrète de cette excellente fille et le sujet de cette mélancolie qui se lisait jusque dans son regard; elle mettait à dissimuler son infirmité tout l'art dont elle était capable, et si elle n'y réussissait pas aux yeux des étrangers, elle pouvait du moins se faire illusion à elle-même : illusion que venait souvent faire évanouir, d'une manière bien pénible, soit une raillerie malencontreuse des gens du dehors, soit une allusion malheureuse échappée dans la conversation. Ces jours-là ma tante se renfermait chez elle, et se faisait servir à dîner dans sa chambre, évitant de paraître devant les étrangers.

Quelle que fut la sollicitude de ma mère pour sa sœur et le soin qu'elle apportait à lui éviter les petits désagréments de ce genre, elle n'y parvenait pas toujours, et le hasard cruel venait souvent déjouer toutes ses prévisions à ce sujet.

Les prévenances et l'amitié de la famille finissaient toujours par ramener le calme dans l'esprit de ma tante ; elle redoublait alors de caresses et de tendresse à mon égard, et, souvent en me couvrant de baisers, je l'entendais murmurer à demi-voix : « Eh que m'importe après tout le jugement des sots ou des indifférents ! N'ai-je pas ici des cœurs qui m'aiment et me chérissent? »

Il s'en fallait pourtant de beaucoup que je répondisse dignement à la touchante affection de ma tante; l'enfance n'aime véritablement que l'être qui lui impose et la domine. A ses yeux peu capables de juger encore, la bonté ne paraît souvent qu'une faiblesse dont elle ne se fait aucun scrupule d'abuser. Aussi, loin de savoir gré à ma tante de tout ce qu'elle faisait pour moi, je n'étais exigeant, colère, et véritablement méchant que pour elle et avec elle. En vain l'excellente fille cachait-elle mes sottises, palliait-elle mes torts vis-à-vis de mon père et de ma mère, tous deux beaucoup plus sévères envers moi; je faisais plus grand cas d'un mot d'encouragement de leur part que de toutes les caresses de ma tante, et lorsque enfin poussée à bout, elle venait se plaindre à ma mère, celle-ci ne manquait jamais de lui dire : « Voilà le fruit de ta faiblesse; tu le gâtes! tu récoltes ce que tu as semé! »

Pauvre tante! aujourd'hui que j'ai pu réfléchir sur ces premières pages de ma vie, combien je me suis trouvé ingrat à son égard! Je ne puis encore penser à tous les petits chagrins que je lui ai si souvent causés, sans me sentir le cœur brisé de remords.

Soit que le petit héritage de mon grand-père qui faisait toute la fortune de ma tante eût encouragé quelques commerçants du voisinage, soit que ses belles qualités les eussent réellement séduits, plusieurs d'entre eux la demandèrent en mariage. M. Dubois fut le seul dont on autorisa les prétentions. Ma tante demanda du temps pour réfléchir, et le prétendant obtint la permission de venir passer les soirées à la maison.

Mon père et ma mère ne tardèrent pas à le juger ce qu'il était, un excellent et digne homme, et, dans l'intérêt de ma tante, ils usèrent de toute leur influence pour lui assurer un soutien et un protecteur.

Ils y seraient facilement parvenus, sans une circonstance

dont je fus la cause ; car la modeste fille, outre l'estime que lui inspirait M. Dubois, se trouvait heureuse de cette demande honorable, qui la vengeait de tous les quolibets du quartier, et elle lui savait gré dans son cœur de ce petit triomphe.

Un soir que M. Dubois venait de s'éloigner, emportant une parole presque définitive, et que la soirée s'était passée en projets et en arrangements de convenances pour le futur mariage, on m'aperçut boudant au fond de la pièce où l'on avait l'habitude de se tenir. Ma tante m'attira vers elle pour m'embrasser, mais par un geste mutin d'enfant gâté, et ce petit mouvement d'épaules qui lui est familier, je la repoussai vivement : « Laisse-moi, » lui dis-je, « je ne veux pas de tes caresses ! »

—« Et pourquoi cela? » ajouta ma tante d'un ton chagrin, et surprise de ce nouveau caprice !

—« Parce que je ne veux pas aimer Mme Dubois, et que je ne connais et n'aime que ma tante Ernestine ! »

Ma tante réfléchit un instant : ce n'était là certainement qu'un propos d'enfant, sans conséquence et sans valeur; cependant l'excellente fille crut y trouver un juste reproche adressé à son cœur, et ma petite jalousie, qui ne lui échappa point, lui fit croire que j'attachais un grand prix à la possession de son affection tout entière. Il est certain que je ne voyais pas sans dépit les visites de M. Dubois, car j'avais remarqué qu'en sa présence l'on s'occupait beaucoup moins de moi que dans les soirées passées exclusivement en famille.

Ma tante était émue, elle avait des larmes dans les yeux. « Cher ange, me dit-elle en me couvrant de baisers, tu as raison... Je connais mon devoir, et ta tendresse me tiendra lieu de tout... Va, je serai toujours ta tante Ernestine... ta tante chérie ! »

Le lendemain M. Dubois fut congédié, quelques observations que dût faire la famille, et ma tante déclara positivement qu'elle renonçait pour toujours au mariage.

Notre maison, située sur une route dans un des faubourgs de Paris, était grande et favorable à tous les exercices du corps. Le chantier surtout, où se trouvaient entassés les plus beaux bois de charpente, était le rendez-vous habituel de plusieurs enfants du voisinage ; des balançoires improvisées, des jeux gymnastiques de toutes sortes leur offraient une foule de distractions que l'on ne rencontrait pas ailleurs ; l'arrivée des *fardiers* surtout, ces lourdes voitures propres à transporter les longs bois de sapin et autres, étaient pour tous une véritable fête ; le claquement du fouet et les cris du charretier pour animer la course, le bruit des roues sur le pavé, le feu qui jaillissait sous les pieds ardents des chevaux, les efforts quelquefois impuissants de ces courageux animaux, leur bouche blanche d'écume, leur robe baignée de sueur, leur piaffement d'impatience et enfin leur hennissement joyeux comme pour célébrer leur victoire ! tout cela pour nous, enfants, était autant de drames dont nous suivions toutes les péripéties avec un intérêt palpitant. Aujourd'hui je ne saurais me les rappeler sans plaisir, et je crois encore entendre mon père nous crier d'une voix pleine d'anxiété :
« Rangez-vous, enfants, rangez-vous ! gare ! gare au *fardier !* »

Le jardin, quoiqu'il ne me fût pas interdit, ne m'offrait pas autant de liberté de mouvement, et ses beaux arbres tout peuplés de jolis oiseaux, et son parterre émaillé de fleurs, que soignait ma mère, n'avaient pas pour moi les mêmes charmes. Peut-être était-ce parce que mon père ne me permettait d'y admettre aucun des petits compagnons de mes plaisirs !

Un de ces jours de pluie où l'on eût en vain tenté de mettre le pied sur le seuil de la porte, j'avais essayé de m'esquiver deux ou trois fois, malgré la prière et même l'ordre de ma tante ; j'avais déjà débité mille sottises en manière de défi ou de provocation, et ma mère, moins patiente et moins faible pour moi que sa sœur, m'avait déjà puni deux fois, lorsqu'une circonstance particulière la força de passer au bureau. Je restai donc seul avec ma tante, bien résolu à me venger sur elle du mauvais temps et de ma punition.

Je ne saurais dire aujourd'hui comment je m'y pris pour cela ; ce dont je me souviens fort bien, c'est qu'en cet instant j'eusse lassé la patience de l'ange le plus calme et le plus débonnaire !

Enfin, ne sachant plus comment l'éprouver, j'ouvris brusquement la porte du salon, de ce sanctuaire interdit au vulgaire, et où l'on ne pénétrait que dans les occasions solennelles. Sans être d'une grande recherche, cette pièce était ornée de glaces et de choses relativement précieuses. Je me mis à lancer ma balle à tort et à travers au milieu des cristaux et des porcelaines.

Oh ! cette fois j'avais mis à bout la patience de la sainte fille, et se levant vivement : « Jules, me dit-elle, vous êtes bien terrible aujourd'hui ! Sortez d'ici ; ne voyez-vous pas que vous allez tout briser ? »

En disant cela, elle me prit par le bras et voulut me faire revenir dans la salle à manger... Je résistai pied à pied, en me cramponnant après tous les meubles qui m'entouraient; mais je sentis bientôt que je perdais du terrain, et, le sentiment de ma faiblesse redoublant ma colère, au moment où, m'attachant fortement à l'une des parois de la porte, j'allais être forcé d'en dépasser le seuil, tout-à-coup arrondissant les épaules, courbant le dos, et contrefaisant l'infirmité de ma pauvre tante, je me mis à chanter en lui souriant d'un rire satanique : « C'était la fée Carabosse qui... »

Les yeux de ma tante s'arrêtèrent sur moi immobiles ; sa main, sans force, abandonna mon bras ; sa figure si douce prit une expression de souffrance que je n'ai jamais pu oublier ! et joignant les mains, levant les yeux vers le ciel : « Cruel enfant ! me dit-elle ; oh ! de ta part le calice est trop amer ! »

Elle s'enfuit aussitôt et courut se renfermer dans sa chambre ; sans doute elle voulait me dérober la vue de ses larmes, car il me sembla bientôt entendre un bruit de sanglots étouffés !

Dans toute autre disposition, je fusse aussitôt monté dans la chambre de ma tante lui demander pardon ; mais, loin de me sentir repentant de mon horrible conduite, je n'éprouvai que la joie de m'être débarrassé d'un censeur incommode !

Je restai donc seul, et maître absolu du champ de bataille!

Ma balle, lancée avec une frénésie nerveuse, frappait avec fureur contre toutes les parois des murailles, et déjà j'avais sans accident heurté plusieurs objets fragiles, lorsque tout à coup j'atteignis un magnifique vase de porcelaine de Sèvres : il roula avec fracas, et ses fragments volèrent en éclats sur le parquet.

Ce fut à mon tour de pâlir ! Mon père avait fait cadeau

à ma mère de ces deux vases pour le jour de sa fête ; il savait lui être très-agréable, car elle manifestait depuis longtemps le désir de les posséder. C'était, de tous les ornements du salon, ceux auxquels elle tenait le plus, tant à cause de leur valeur réelle, que pour l'attention délicate dont ils étaient la preuve et le souvenir.

Au bruit qui se fit dans la pièce, ma tante accourut ; ses yeux était rouges et gonflés, et ses joues pâles portaient l'empreinte des pleurs qu'elle avait versés. En la voyant ainsi, je me sentis vaincu ! je me jetai à ses genoux et je fondis en larmes !

La sainte et digne femme ! elle me releva avec tendresse, me serra dans ses bras. Sa bouche ne proféra pas un reproche ; j'avais reconnu mes torts ! Elle s'empressa de me consoler !

Je dois dire, pour me réhabiliter dans l'esprit de mes petits lecteurs, que ce fut la seule fois de ma vie où je fis une cruelle allusion à la triste infirmité de mon excellente tante, et encore cette pensée n'était-elle pas la mienne, mais celle d'un petit camarade plus âgé et plus méchant que moi.

—Que va dire mon père ? répétais-je toujours en pleurant et en regardant avec stupeur les morceaux épars du beau vase !

« —Console-toi, Jules, me dit-elle ; c'est un grand malheur, sans doute, car un seul de ces vases coûte trois cents francs ! mais si tu me promets d'être sage, je sais où ils ont été achetés, j'en commanderai un pareil, sans rien dire à tes parents. Avec de l'argent, on peut réparer bien des choses ; il n'y a que les peines du cœur contre lesquelles on ne peut rien ! »

Je sautai au cou de ma tante ; je promis tout ce qu'elle

voulut, et huit jours plus tard les deux vases avaient repris leur place.

Jamais ma mère ne connut cet acte de générosité de ma tante. Ce n'était pas le seul, et il arriva souvent que sa bourse fut mise à contribution pour réparer mes sottises ou ma maladresse.

Et pourtant, aux yeux de la famille, ma tante Ernestine passait pour être avare ; et lorsque ma mère lui en faisait le reproche, en la plaisantant sur la mesquinerie de ses dépenses de toilette ! « Que veux-tu, répondait-elle en souriant, c'est un défaut de vieille fille ! »

Vint enfin l'époque de ma première communion. Ce temps d'examen et de recueillement me fit comprendre combien j'avais été ingrat envers la sainte femme qui avait placé en moi toutes ses espérances d'affection. Sa générosité, que j'avais méconnue, m'apparut alors dans toute son étendue. Aussi, la veille de cet acte qui laisse toujours un si doux souvenir dans la vie, lorsqu'après avoir reçu la bénédiction paternelle, je me jetai à ses pieds, ce fut avec les larmes du repentir le plus sincère que je lui en demandai pardon ; et lorsque, d'une voix pleine d'émotion et d'indulgence, elle m'eut assuré qu'elle avait tout oublié et qu'en cet instant elle était aussi heureuse qu'on pût l'être, je me relevai soulagé d'un grand remords et, pour la première fois, en paix avec ma conscience.

J'apprenais avec facilité, j'étais ardent à l'étude, et quoique joueur et assez dissipé, j'occupais toujours les premières places au collége. Le jour des prix arriva, et six fois j'entendis prononcer mon nom au milieu d'un éblouissement de bonheur; et mes yeux troublés cherchaient en vain ces chers parents, sans lesquels mon triomphe n'eût pas été complet ! Je les découvris enfin... à deux pas du rang où j'étais, pâles d'attente et d'incertitude. A chaque couronne que je recevais, par un mouvement involontaire, mais sublime de tendresse, ma tante étendait ses bras vers moi comme pour me remercier de tout le bonheur dont elle était enivrée !

Et lorsqu'au grand prix d'honneur mon nom fut prononcé, au milieu des trépignements et des bravos, elle ne put contenir plus longtemps ses émotions trop vives, elle s'évanouit, et l'on fut obligé de l'emporter hors de la salle.

Traverser la foule en courant, enjamber, culbuter les banquettes, fut pour moi un mouvement plus rapide que la pensée ; j'oubliai le public, j'oubliai la couronne, j'oubliai mon triomphe, j'oubliai tout...

Quand je tombai à ses genoux, elle r'ouvrait les yeux, elle les fixa sur moi avec une indicible expression de tendresse. Je crus voir qu'en ce moment elle se croyait payée de toutes ses bontés, de tous ses sacrifices pour moi !

Vers ce temps, quelques entreprises hasardeuses vinrent compromettre notre fortune modeste, mais jusque-là assurée, et bientôt un état voisin de la gêne remplaça une heureuse aisance. Mon père voulait absolument que je prisse la profession qu'il avait exercée lui-même, et ma mère, qui n'avait jamais d'autre volonté que la sienne, cédait quoiqu'à regret. Nous n'avons plus, disait mon père en soupirant, la possibilité de le laisser au collége encore cinq ou six ans, sans compter les études et les dépenses qui devront suivre pour arriver à la profession d'avocat ou de médecin.

Mais ma tante s'opposa de tout son pouvoir à ce projet, qui ne promettait pas à son neveu bien aimé l'avenir brillant qu'elle avait rêvé pour lui. Je ne vous demande, leur dit-elle, que votre autorisation ; ne vous occupez pas du reste !

A la fin mon père céda, je rentrai au collége, où ma bonne conduite et d'excellentes études ne tardèrent pas à être la récompense de la généreuse fille. Elle devint plus économe encore, renvoya sa bonne et se servit elle-même, et lorsqu'on lui reprochait de se refuser le nécessaire, « cela me suffit, disait-elle, *qu'il* s'élève, qu'il devienne un homme distingué, voilà tout ce que je demande au ciel ! »

Sainte et digne femme ! elle n'était pas au bout de ses sacrifices !

Bientôt mon père fut obligé de liquider ses affaires, notre maison fut vendue, les dettes payées, mais nous ne possédions plus rien !

Ce fut un triste jour pour tous que celui où, confondant nos larmes et nos embrassements, il fallut quitter notre maison, cette patrie d'enfance de nos trois générations ! Il fallut voir s'installer à notre place un arrogant propriétaire, de nouveaux meubles dans ces places mêmes où ces fidèles serviteurs de la famille avaient vieilli silencieusement ; le fauteuil de la grand'mère, si solennellement respecté par ses enfants, celui dans lequel elle était morte jeune encore, fut arraché de sa place d'honneur et outrageusement dépossédé !

Ma mère et ma tante pleuraient à sanglots en le voyant partir !

Mon père et ma mère allaient habiter la province, qui leur promettait quelques chances de ressources que le moment présent ne leur offrait pas à Paris.

Je restai avec ma tante pour finir mes études; ces bons parents partaient le cœur navré de cette séparation, mais sans inquiétude sur mon compte; n'avais-je pas une seconde mère?

Après leur départ, ma tante et moi nous prîmes possession d'un petit appartement situé rue de la Sorbonne. Ce quartier réunissait à la fois les conditions d'un prix modique et de la proximité des écoles.

Je dois dire que je me mis alors au travail avec une ardeur que doublait la malheureuse situation de ma famille, et que la pensée de lui venir en aide un jour entra pour beaucoup dans le succès brillant que j'obtins à chacun de mes examens de médecine.

A partir de ce moment, il me serait impossible de vous dire tout ce que ma bonne tante s'imposa de sacrifices pour atteindre le but qu'elle s'était proposé; elle me le cachait avec tant d'adresse, que je ne l'ai jamais su qu'imparfaitement.

Une nuit, je fus tout à coup réveillé par le bruit d'une toux opiniâtre partant de sa chambre à coucher, et comme je m'étais levé pour m'empresser de lui porter secours, je m'aperçus qu'elle ne s'était pas couchée! pour subvenir aux nombreuses dépenses qu'exigeaient mes études et le paiement de mes inscriptions, la courageuse femme avait appris à l'âge de quarante-cinq ans, à copier de la musique!

Quelquefois je m'accusais de lâcheté ou de faiblesse en acceptant ainsi le prix d'un rude labeur, et il est bien certain que, sans la crainte de l'affliger, j'eusse embrassé au plus vite une profession manuelle. Les yeux cernés, le visage pâli de ma pauvre tante me pesaient sur le cœur comme un poignant remords.

Enfin mon diplôme de médecin me fut accordé avec éclat ; mes études avaient été parfaites et mes professeurs m'honorèrent des plus brillants éloges. J'eus le délire du bonheur pendant plusieurs jours. J'allais donc pouvoir exercer une profession pour laquelle je me sentais un attrait irrésistible : soulager l'humanité souffrante, lui offrir des consolations ! Quelle mission plus noble, plus honorable ! et lorsque je l'envisageais sous un autre point de vue, je ne demandais au ciel que de pouvoir venir en aide à ma famille, et rendre à ma bonne tante une partie de ce qu'elle avait sacrifié pour moi. Car de la petite fortune qu'elle avait possédée, il ne lui restait absolument qu'une somme de dix mille francs placée chez un notaire de Paris et qui lui rapportait chaque année la modique rente de cinq cents francs !

Cependant je ne tardai pas à reconnaître que cette clientèle sur laquelle j'avais compté n'était pas aussi facile à créer que je me l'étais imaginé, et si j'avais eu plusieurs fois déjà l'occasion d'exercer la médecine avec des étrangers, ce n'était le plus souvent qu'envers de pauvres gens que je soignais gratuitement et auxquels je portais moi-même tous les médicaments. Sans amis posés, sans fortune et sans prôneurs, il est bien difficile de se faire jour à Paris !

Voilà précisément ce que je me disais un matin où mes idées n'étaient pas couleur de rose ; les deux pieds appuyés sur mes chenets, je poursuivais d'un œil triste et nonchalant les formes plus ou moins fantastiques, plus ou moins bizarres que dessinait dans le vague la fumée de mon cigarre, lorsque je vis entrer ma tante.

Contre l'ordinaire, sa figure me parut radieuse, et je

remarquai aussi que sa mise était beaucoup plus recherchée que de coutume. Elle entr'ouvrit la porte, et avançant la tête sans en dépasser le seuil, tant elle paraissait pressée, « Jules, me dit-elle, tu es invité à dîner aujourd'hui même, ainsi que moi, chez le docteur R***, rue de Varennes 15; quelques courses obligées me forcent à sortir immédiatement, je serai arrivée avant toi chez lui ; tu viendras m'y retrouver... Surtout n'y manque pas !

Avant que je sois revenu de la surprise que me causait cette invitation, ma tante avait refermé la porte et descendu lestement l'escalier. J'étais en pantoufles, et mon costume très-négligé ne me permettait pas de courir après elle jusque dans la rue ; resté seul, j'essayai vainement de trouver le mot de l'énigme ; jamais je n'avais entendu parler du docteur R***, et je ne pouvais m'imaginer quelle affaire d'intérêt ou d'amitié il pouvait avoir à traiter avec moi.

Je pris un livre dans l'espoir de passer le temps, mais je relus vingt fois la même page sans savoir ce que j'avais lu ! Les yeux fixés sur la pendule, je voyais l'aiguille tourner avec une impatience fébrile, et vingt fois en l'accusant de lenteur, je me levai pour regarder si elle n'était pas arrêtée !

Et que mon jeune lecteur ne s'étonne pas de l'importance que j'attachais alors à une circonstance toute simple pour un autre. Ma vie était si uniforme, que tout ce qui s'écartait quelque peu de mes habitudes régulières passait dans mon esprit pour un grave événement.

Enfin la pendule sonna trois heures et demie : j'endossai mon plus bel habit, je mis à ma toilette plus de recherche que de coutume ; grâce à ma tante, il n'y manquait rien. Je jetai dans la glace un coup-d'œil satisfait, et je sortis.

En deux bons je franchis l'escalier et je me trouvai bientôt rue de Varennes, en face du n° 15.

Je levai la tête, je vis une maison d'un aspect sérieux, comme presque toutes celles du faubourg Saint-Germain, mais où l'architecte n'avait pas sacrifié l'utile et le confortable au luxe des décors, ainsi que cela se voit souvent dans les nouveaux quartiers; une large porte-cochère avec son vestibule, un escalier vaste et commode me conduisirent sans difficulté au premier étage, où le concierge venait de m'indiquer la demeure du docteur R***.

Aussitôt que je fus annoncé, le docteur vint au devant de moi avec empressement, et me prenant par le bras en me conduisant au salon : « Entrez, jeune homme, me dit-il avec un ton de bonhomie qui me mit sur-le-champ à mon aise, vous allez trouver ici une excellente personne de votre connaissance. » En disant cela, il ouvrit lui-même la porte et je me trouvai en face de ma tante.

En attendant le dîner, M. R*** voulut absolument me faire visiter toutes les parties de son appartement; point de luxe, mais partout le confortable le mieux entendu, partout l'arrangement le mieux calculé, de bons fauteuils, d'excellentes causeuses, d'épais tapis. L'harmonie et le goût qui régnaient dans cette demeure, inspiraient des idées de calme et de repos.

Le cabinet du docteur était plus spécialement disposé pour l'étude et la méditation. Sous une large et spacieuse croisée s'étendait un jardin, dont les grands arbres verts ainsi qu'un frais rideau venaient ombrager la fenêtre et refléter au dedans leur teinte douce et si bien faite pour atténuer l'éclat d'un jour trop vif ; dans l'intérieur, une bibliothèque composée du meilleur choix de livres de médecine, puis des pièces d'anatomie admirablement préparées et d'une grande utilité pour la science.

Je ne pus retenir un cri d'admiration : il fut bientôt suivi d'un soupir ! Ce cabinet avec ses livres épars, son bureau si commode, ses casiers si bien garnis, me faisait faire en ce moment une triste comparaison avec le cabinet presque dénudé que j'habitais.

Je me hâtai de chasser bien vite une pensée que me suggérait sans doute le triste démon de l'envie, et j'admirai quelques dessins du docteur si bien faits à la plume que l'œil le plus exercé les eût pris pour de fines gravures au burin.

M. R*** était un homme instruit et un praticien très-distingué. Il me posa quelques questions embarrassantes, et, loin de m'offenser de cette sorte d'examen, j'éprouvais une sorte de vanité à y répondre, sûr comme je l'étais de moi-même. Le dîner fut on ne peut plus gai; ma tante paraissait rayonnante de mes succès auprès du docteur.

—Je vois que vous êtes aussi instruit que modeste ! me dit-il à la fin du dîner. Vous seriez peut-être un peu jeune pour la profession que vous embrassez, si votre sagesse et votre air de gravité ne vous donnaient tout l'aplomb nécessaire. Aussi, je vous prédis de brillants succès, et je vous aiderai de tout mon pouvoir.

J'allais, en remerciant le docteur, lui demander enfin à quel titre je pouvais espérer ce vif intérêt, lorsque tirant sa montre, il ajouta : « Je me suis oublié près de vous ! J'ai une visite indispensable à faire à un de mes malades ; permettez-moi de m'absenter un instant, je serai bientôt de retour, et je vous laisse ici *chez vous.* » Il insista sur ces derniers mots, et comme j'en paraissais surpris, il ajouta en riant et en regardant ma tante : « Voici une excellente dame, qui va vous donner le mot de l'énigme ! »

Le docteur prit son chapeau et sortit.

Quand je fus seul avec ma tante, elle m'attira près d'elle, et me prenant les mains en me regardant entre les deux yeux : « Il a raison, me dit-elle en riant, *tu es ici chez toi !*

—Voyons, chère tante, vous riez, ou vous voulez vous moquer de moi?

—Ni l'un ni l'autre ; je ne ris pas, et je ne me moque jamais de ceux que j'aime. Écoute, et ne m'interromps pas :

« Il y a huit jours environ, une personne que tu connais, et qui est de nos amis, vint me prévenir que le docteur R***, son parent, venait d'accepter, en Russie, un emploi très-éminent, et qu'il se disposait incessamment à en aller prendre possession. Mais avant de s'éloigner, il désirait trouver un remplaçant, moins pour acheter sa clientèle, qui est superbe, que pour satisfaire des clients avec lesquels il a toujours été sur le pied de l'amitié ; il veut pouvoir leur dire avec conscience : « L'homme qui me succède et que je vous présente est en tous points aussi digne que moi de toute votre confiance ; vous pouvez l'accepter de ma main. »

Sur ces précieux renseignements, je courus trouver le docteur, je parlai avec éloquence,... je priai... je trouvai des mots pour le persuader... et malgré de nombreux concurrents et ta jeunesse, qui l'effrayait un peu, il me promit de réfléchir et de prendre auprès de tes professeurs des informations rigoureuses...

—Chère tante!...

—Laisse-moi achever. Le docteur m'écrivit, au bout de quelques jours, qu'il n'avait plus aucune objection à faire, et que je pouvais compter sur sa parole!

Il restait à régler les affaires d'intérêt; le docteur a, dans cette maison, un bail de six ans; il te le cède. Et comme il ne veut emporter aucun de ses meubles, il t'abandonne tout sans y rien changer. Il n'exige pour cela que le remboursement des sommes avancées par lui pour les meubles et le bail, en tout 10,000 francs! J'étais assez heureuse pour les posséder!...

Je poussai un cri et je tombai dans les bras de ma tante! La digne femme venait d'accomplir son dernier sacrifice... Elle ne possédait plus rien! « Non, ma tante! non! je ne puis accepter cet argent; c'est le denier de la veuve!... votre seule, votre unique ressource... Mon Dieu! si j'allais ne pas réussir! »

Ma tante me mit la main sur la bouche... Tais-toi, enfant, tais-toi... N'ai-je pas appris à copier de la musique? et ne sais-je pas bien comment on peut vivre de peu! D'ailleurs, il est impossible de refuser... Il est trop tard!

Ma tante déplia un papier et me fit voir l'acte... Il était signé! Que faire? me résigner! Mais cette touchante abnégation de la sainte fille me pesait comme une sorte de remords et m'empêchait de me livrer à toute la joie que, malgré moi, je sentais dans mon cœur.

J'étais encore partagé entre ces deux sentiments lorsque le docteur rentra. Il combattit mes scrupules et me rassura si bien qu'avant la fin de la soirée j'avais embrassé vingt fois ma tante, serré dans mes bras l'excellent docteur... et que j'étais le plus heureux des hommes!...

Il tint parole, le bon docteur ! Il me présenta partout, et, grâce à tout le bien qu'il trouva moyen de dire sur mon compte, peut-être aussi un peu à mon extérieur, qui ne déplut pas, je me vis accueilli avec distinction par toute la riche clientèle du docteur.

Deux ans après, toute ma famille habitait avec moi ; nous étions réunis pour toujours. Quant à moi, j'avais déjà un nom si connu en médecine que, par un sentiment de modestie, je crois devoir le taire à mes jeunes lecteurs.

Ma bonne tante vécut de longues années au milieu de nous, heureuse de ce bonheur que sa tendresse m'avait préparé ; heureuse de ma réputation, de ma gloire, de la considération dont j'étais entouré !

Aujourd'hui que mes cheveux ont blanchi et que le ruban d'honneur se cache sous ma boutonnière, le temps n'a pas adouci le chagrin que m'a causé sa perte, et depuis cette cruelle séparation, je n'ai pas le souvenir de m'être éveillé une seule fois sans lui adresser dans mon cœur la prière que l'on fait chaque matin à son *ange gardien*.

L. LENEVEUX.

ULRIK

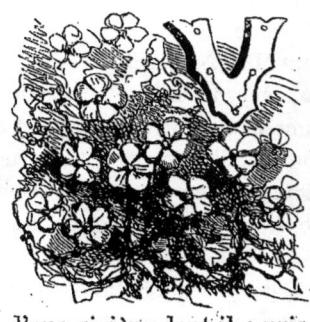ers la fin du mois d'août de l'année 1844, deux voyageurs allemands, le père et le fils, débarquèrent à Kemi; c'est le port le plus important de la Laponie après Tornea, et, comme cette dernière ville, il est situé au fond de la mer Baltique, à l'embouchure d'une rivière dont il a pris le nom. Après s'être reposés et avoir déjeuné dans la moins mauvaise hôtellerie du port, MM. Norperg, — ainsi se nommaient ces voyageurs, — se rendirent chez M. Rafner, habitant de Kemi et propriétaire d'une mine de fer située près du bourg d'Halouen, à deux ou trois journées de chemin dans les terres. M. Norperg

était un ancien joaillier de Dantzig qui s'était retiré du commerce quatre ans auparavant, avec une belle fortune; malheureusement il en avait perdu à peu près les deux tiers par l'imprudence d'un de ses cousins, à la capacité duquel il s'était fié au point d'engager dans une entreprise que dirigeait ce parent tous les capitaux qu'il avait de disponibles; l'entreprise avait manqué, et maintenant M. Norperg s'ingéniait à réparer l'énorme brèche faite à sa fortune. Veuf, et n'ayant qu'un fils âgé de dix-sept ans, il s'était décidé à s'expatrier avec lui pendant quelques années. Il comptait employer les fonds qui lui restaient à l'acquisition de cette mine d'Halouen, dont le possesseur ne savait pas exploiter les produits, et qu'on lui avait proposé d'acheter à des conditions en apparence très-avantageuses. Son projet était d'établir en cet endroit des forges qu'il vendrait plus tard, ou dont il confierait la direction à un régisseur intelligent et probe.

Ce fut Mme Rafner qui reçut MM. Norperg.

—Mon mari est indisposé, leur dit-elle, et il garde le lit depuis deux jours. Comme il se trouve hors d'état de voyager, et qu'il vous attendait d'un moment à l'autre, nous nous sommes procuré un guide sûr pour vous conduire à Halouen, où d'ailleurs M. Rafner ira sans doute vous rejoindre bientôt.

—Mais, objecta M. Norperg, si son rétablissement ne doit pas être long, nous aimerions mieux attendre quelques jours ici, plutôt que de partir sans lui, avec un homme qui peut connaitre très-bien les chemins, mais auquel cependant des étrangers comme nous...

—Soyez sans inquiétude, interrompit Mme Rafner; vous trouverez dans le petit forgeron—Ulrik, veux-je dire—un serviteur plein de zèle et de dévouement. Au reste, mon mari, que je vais prévenir de votre arrivée et que vous allez voir tout à l'heure, vous donnera les renseignements les plus satisfaisants sur votre guide. Vous ne courrez avec lui aucune sorte de danger. La seule chose que je redoute pour vous pendant ce voyage, c'est l'ennui. La campagne que vous allez traverser est si monotone, si déserte!... J'imagine que vous venez en ce pays pour la première fois, Messieurs?

Comme en faisant cette question Mme Rafner regardait le jeune Norperg, celui-ci répondit d'abord :

—Oui, Madame.

Et le père ajouta tout de suite :

—Quant à moi, j'ai déjà visité une fois le littoral de la Laponie... Il y a de cela plusieurs années, et Ernest, ajouta l'ancien commerçant en désignant son fils, était alors au collége.

—Jusqu'où étiez-vous allé, Monsieur?

—Jusqu'à Uleaborg seulement, Madame.

Uleaborg est la ville la plus grande et la plus forte de la Bothnie.

—Vous n'avez pas eu la curiosité de pousser votre excursion jusqu'à Tornea? demanda encore Mme Rafner.

—Je n'avais rien à faire en ce lieu, Madame ; j'étais en tournée avec un de mes amis, un négociant en châles, de Dantzig, comme moi. Ayant tous deux l'intention de nous retirer du commerce, nous étions partis ensemble pour régler d'anciens comptes que nous avions avec des marchands de Kœnisberg, de Riga, de Revel et de Wasa. Je ne serais même pas allé aussi loin qu'Uleaborg (car je n'avais de relations avec aucun bijoutier de cette ville), sans les instances de mon compagnon de voyage, dont la sœur est mariée à un officier russe. Celui-ci étant en garnison à Uleaborg, y avait amené toute sa famille ; et mon ami, qui n'avait pas vu depuis longtemps sa sœur ni son beau-frère, voulut profiter de l'occasion pour leur rendre visite.

—J'ai habité autrefois Uleaborg, dit Mme Rafner ; je me souviens de plusieurs parties que nous fîmes pendant la belle saison dans l'île de Carlson... Vos amis ont dû vous y mener, Monsieur ?

—Hélas! oui, Madame, répondit M. Norperg avec un ton de tristesse qui étonna Mme Rafner.

—Cette petite excursion semble réveiller en vous une pensée pénible, dit-elle.

—Il est vrai ; quoique l'affreux malheur dont cette excursion a été cause ne me concerne pas, j'éprouve un serrement de cœur chaque fois que j'y songe.

—Je craindrais de vous émouvoir trop vivement en vous priant de m'en faire le récit, remarqua Mme Rafner d'un air qui décelait une vive curiosité.

Aussi le négociant allemand s'empressa-t-il de la satisfaire.

—Il faut d'abord vous dire, Madame, commença-t-il, que des quatre enfants de Mme Kitof, c'est le nom de la sœur de mon ami, la petite Anastasie était la plus gentille et la plus chérie de sa grand'mère paternelle. Cette dernière avait loué dans l'île de Carlson une maison de campagne où elle passait l'été. Le jour de sa fête étant arrivé pendant que nous étions à Uleaborg, M. Kitof nous invita, au nom de sa mère, à aller passer la journée dans l'île avec lui et ses trois enfants aînés; Anastasie, ayant à peine quatre ans, devait rester à la ville auprès de sa maman qui, la veille, avait fait une chute dans un escalier et à laquelle il était défendu de bouger de sa chaise longue. La petite, qu'on avait eu le tort de gâter extrêmement, se montra chagrine et même en colère de ce qu'on ne lui permettait pas d'être de la partie de Carlson. Pour la calmer, on lui donna toutes sortes de jouets et de friandises; même, comme elle ne cessait de regarder une très-jolie parure en pierres précieuses de couleur que son oncle m'avait achetée pour en faire cadeau à Mme Kitof, celle-ci, espérant distraire sa fille de ses regrets, lui passa aux oreilles, en place des petits anneaux d'or tout unis qu'on y avait mis quelques jours auparavant, les girandoles d'améthyste, de topaze et de saphir qui se trouvaient dans ce nouvel écrin. Anastasie fut effectivement charmée de porter ces brillantes pendeloques qui tombaient très-bas sur son cou; mais le plaisir de se voir si richement parée ne fit qu'augmenter son envie d'aller avec nous chez sa bonne maman. Elle pleura tant, que Mme Kitof consentit enfin à la confier aux soins de l'institutrice française de ses autres enfants, en lui recommandant bien de tenir constamment la petite assise sur ses genoux dans le bateau. Nous emmenâmes donc Anastasie. Il fit très-chaud ce jour-là; l'enfant se fatigua beaucoup à courir et à sauter dans le jardin de sa grand'mère, de sorte que, après le dîner, elle s'endormit sur un sofa. Quand vint le moment du départ, l'aïeule s'opposa à ce qu'on éveillât Anastasie; elle s'amusa à la coucher tout doucement dans une grande corbeille à fleurs remplie de mousse, et craignant que le passage presque subit de la température de son salon à l'air de la mer n'occasionnât un rhume à sa chère petite-fille, elle la couvrit dans ce berceau improvisé d'un châle d'étoffe légère. Ce fut ainsi qu'on porta Anastasie dans le bateau.

—Je commence à pressentir un malheur, dit alors Mme Rafner avec un frissonnement.

—Le temps était calme, poursuivit M. Norperg, mais soudain, vers la moitié de la traversée, il s'éleva un vent de terre qui poussa contre nous une barque venant du port et dont nos mariniers surent éviter le choc; malheureusement le remous, produit par le rapide passage de cette embarcation tout à côté de la nôtre, fit pencher le bateau si extraordinairement, que je me demande encore comment il ne fut pas submergé. « Ma fille ! ma fille ! » cria M. Kitof en se jetant à la mer pour ressaisir la corbeille qui contenait Anastasie. Elle venait de disparaître avec l'institutrice qui la tenait sur ses genoux. Dévouement inutile ! Un de ces perfides courants qui rendent si dangereuse la navigation dans les mers resserrées, avait déjà mis hors de vue ce frêle berceau. M. Kitof et aussi l'institutrice furent sauvés par les mariniers de la barque ; mais la petite Anastasie ne devait pas être remise dans les bras de sa mère. Je vous laisse à penser quelle scène de désespoir marqua notre retour à Uleaborg...

—Ah ! Monsieur, n'en dites pas davantage, interrompit Mme Rafner, fort émue.

Pourtant elle demanda à M. Norperg, tout en se levant pour aller avertir son mari de l'arrivée des voyageurs :

—Est-ce que cette pauvre dame habite toujours Uleaborg ?

—Non, répondit M. Norperg ; je crois que toute la famille Kitof est actuellement à Riga.

Lorsque M︎ᵐᵉ Rafner eut laissé seuls le père et le fils, ce dernier dit d'un air préoccupé :

—Ce guide Ulrik est-il donc un enfant, qu'on l'appelle le petit forgeron ?

A ce moment, un domestique introduisit dans la salle un garçon de petite taille, en disant :

—Ulrik, entrez ! Madame ne va pas tarder à revenir.

Les deux voyageurs envisagèrent ou plutôt dévisagèrent ce nouveau venu avec la curiosité qu'excite naturellement la physionomie d'un inconnu dont on va faire son compagnon dans un voyage aventureux. Ulrik, avons-nous dit, était de petite taille : son front aurait à peine touché à l'épaule d'Ernest, et les contours de sa figure dessinaient un rond parfait comme celui de la pleine lune. Ainsi que la plupart des gens dont le teint est fréquemment exposé à un air aigu et glacial, il avait la peau très-épaisse. Les nombreux plis de son front et le clignement de ses yeux indiquaient une vue excessivement faible ; en somme, ce n'était pas un gentil garçon.

Le voyant si près d'eux, MM. Norperg ne se communiquèrent pas leurs idées sur son compte, de peur de l'humilier, dans le cas où il comprendrait leur langage. Ils gardèrent donc le silence jusqu'au moment où M︎ᵐᵉ Rafner vint les prier d'entrer dans la chambre de son mari. Celui-ci engagea les voyageurs à se reposer dans sa maison jusqu'au lendemain ; mais ils préférèrent se mettre en route sur-le-champ pour les mines d'Halouen. M. Rafner leur réitéra l'assurance que leur avait donnée sa femme de la probité et du dévouement d'Ulrik.

—Pourquoi l'appelle-t-on le petit forgeron ? demanda Ernest.

—Parce qu'il a travaillé plusieurs années durant chez un serrurier norwégien, à Tornea, répondit M. Rafner.

—Je croyais, reprit le jeune homme, que la ville de Tornea était peuplée de Lapons.

—Non pas entièrement. Le plus grand nombre des habitants sont, au contraire, des Suédois et des Norwégiens. Ils exercent toutes les professions pour la pratique desquelles il faut une grande vigueur.

—Au fait, reprit M. Norperg, ce guide que vous nous donnez, et que j'accepte en toute confiance, paraît singulièrement chétif.

—N'importe, dit M. Rafner; dans ce pays, où il n'y a pas de brigands, et dans cette saison, où il n'y a pas d'animaux féroces, on ne doit pas s'occuper de la force corporelle d'un guide, mais bien de sa moralité; et celle d'Ulrik ne peut être suspecte. De plus, c'est un excellent cœur; on cite de lui un trait de bienfaisance rare chez des gens qui n'ont d'autres moyens d'existence que leur travail.

—Qu'a-t-il donc fait? demanda Ernest d'un ton d'intérêt.

—Attendez... que je me souvienne... Il s'agit, ce me semble, d'une orpheline qu'il a recueillie et qu'il a fait élever dans une honnête famille...

—Où donc?

—Ma foi, je ne sais plus si c'est ici même... Non, ce doit être plutôt à Tornea.

—Voilà un petit bonhomme bien généreux! reprit Ernest.

—Un petit bonhomme? répéta M. Rafner. L'expression est drôle!

—Comment?

—Oui, à l'égard d'Ulrik, c'est drôle, je le répète. Encore si vous disiez un bon petit homme !

—Pourtant, à l'âge d'Ulrik...

—Quel âge lui donnez-vous donc? Ma femme ne vous a-t-elle pas expliqué...

—Mon ami, dit en entrant, à ce moment, Mme Rafner, que suivait le médecin, notre cher docteur que voici s'oppose à ce que tu parles longtemps de suite.

—Et le médecin est le maître dans la chambre de ses malades, dit M. Norperg.

Quelques instants après, les deux voyageurs regagnaient leur hôtellerie, accompagnés d'Ulrik, qui leur avait été présenté par Mme Rafner. Ils se mirent en route le jour même.

Bien que le trajet de Kemi à Halouen fût un peu long, M. Norperg et son fils avaient décidé qu'ils le feraient à pied. Ils avaient pour cela plusieurs raisons : la première était qu'ils voulaient se délasser, par la marche, de la fatigue de leur précédente navigation ; la seconde, qu'en cheminant à petites journées, ils se procureraient le plaisir d'explorer la contrée la moins connue de l'Europe ; la troisième enfin, qu'en Laponie, il n'y a pas d'autre voiture que des traîneaux ni d'autres bêtes de trait que des rennes. Or, celles-ci et ceux-là ne peuvent servir de moyens de transport que pendant l'hiver, qui, à la vérité, y dure neuf mois de l'année ; en revanche, l'été amène des chaleurs intenses, comme dans toutes les régions arctiques. Quant à remonter en bateau la rivière de Kemi, qui prend naissance dans un lac proche de Halouen, c'était impossible, vu les cataractes qui, de distance en distance, accidentent presque tous les cours d'eau de la Laponie. La campagne que traversèrent d'abord nos Allemands était entrecoupée de collines couvertes de sapins, de rochers, du haut desquels descendaient des torrents, et de vallons marécageux. Une chose qui frappa les deux voyageurs, comme une singularité que le chiffre de la population laponne ne suffisait pas à expliquer, ce fut la solitude absolue qui régnait partout.

Lorsque vint le soir, c'est-à-dire ce court espace de temps pendant lequel le soleil, se trouvant près de l'horizon, répand une clarté plus pâle, le petit forgeron s'arrêta :

—Je crois qu'il serait convenable de nous reposer dans ce hameau, dit-il en s'exprimant d'une manière assez intelligible dans la langue norwégienne, qui est un allemand corrompu, et que, par conséquent, MM. Norperg comprenaient facilement.

—Ce hameau ? répétèrent le père et le fils, qui crurent n'avoir pas bien entendu.

Ils se voyaient au milieu d'une plaine aride où croissaient seulement quelques bouleaux. Autour d'eux s'élevaient çà et là cinq ou six perches plantées dans la terre à une distance à peu près égale les unes des autres ; elles se rejoignaient à leur extrémité supérieure.

—Ne voyez-vous pas ces maisons auxquelles il manque seulement la couverture ? reprit Ulrik.

—Quoi ! ce sont là des demeures d'hommes ? s'écria Ernest.

—Oui ; et vous ne vous y trouverez peut-être pas trop mal tout à l'heure, répondit le guide qui, tout en parlant, s'était débarrassé d'un grand fouet et d'un coffre en écorce d'arbre qu'il portait.

En un clin d'œil, il retira de ce coffre une petite tente en peau de renne bien nettoyée et bien assouplie ; il la jeta avec beaucoup de dextérité sur la partie supérieure d'un des assemblages de perches, puis il alla prendre un tas de branches de pin qui avait été préparé pour l'hiver par quelque habitant de ce lieu sauvage ; il le plaça au milieu de la hutte. Comme il commençait à frotter l'un contre l'autre deux morceaux de bois qu'il avait choisis parmi les plus secs, M. Norperg prit dans sa poche un briquet phosphorique dont Ulrik connaissait apparemment l'usage, car il interrompit aussitôt son opération et saisit avec empressement l'allumette enflammée qui lui fut présentée par le voyageur.

Quand le petit forgeron eut mis le feu au bûcher sous la tente, il pria Ernest de veiller à ce qu'il ne s'éteignît pas pendant son absence.

—Allez-vous donc vous éloigner? dit le jeune homme.

—Ne faut-il pas que je pourvoie à votre souper? repartit Ulrik.

Le fait est que ni le père ni le fils n'avaient songé à emporter de Kemi des provisions de bouche, persuadés qu'ils étaient qu'en Laponie, comme en Suède et en Norwége, où ils avaient précédemment voyagé, ils seraient cordialement accueillis par les familles auxquelles ils demanderaient, sur leur route, l'hospitalité. Ils ne s'attendaient pas à trouver, au milieu de la belle saison, la campagne ainsi déserte.

—Où sont allés les propriétaires de ces huttes? demanda M. Norperg.

—A la pêche, sur les bords des lacs.

—Ils emmènent donc toute leur famille?

—Oui. Les femmes, les enfants, les troupeaux voyagent de compagnie. Ils emportent même, comme vous voyez, les couvertures de leurs habitations pour dresser leurs tentes sur le rivage.

—Et aussi, à ce qu'il paraît, leurs ustensiles de ménage et leurs vivres?

—Leurs ustensiles, oui; mais des vivres, non. Ils n'en ont pas besoin. Le poisson ne leur manque pas quand ils ont atteint le but de leur voyage, et pendant la route, ils ont le lait de leurs rennes et du gibier dix fois plus qu'ils n'en pourraient consommer.

—En vérité! Et nous qui n'en avons pas encore rencontré!

—Nous n'en manquons pas pourtant, et je vais vous le prouver en allant de ce pas à la chasse.

—Bien! dit Ernest, je vous accompagnerai. Quel est le gibier le plus commun en ce pays?

—L'ours d'abord.

—Vous appelez cela du gibier!

—Certainement... C'est le plus recherché, à cause de sa fourrure.

—Si c'est à la chasse à l'ours que vous allez, je n'en suis pas; nous n'avons aucune sorte d'arme.

—Eh! ni moi non plus. Aussi, n'est-ce pas à la bête fauve, mais aux oiseaux aquatiques que je vais chasser.

—Où en trouverez-vous et avec quoi les tuerez-vous?

—Il y a près de ce hameau un étang fréquenté par les oies et les canards, dit Ulrik répondant seulement à la première partie de l'interrogation de M. Norperg.

Tout en parlant, il avait tiré de son coffre une espèce d'écharpe très-ample qu'il tourna deux fois autour de ses reins pour serrer la longue robe en un tissu de laine bleue qu'il portait par-dessus ses autres vêtements. Cette écharpe était en un beau crêpe de Chine dont la couleur amarante était fanée. Voyant qu'Ernest examinait cette ceinture, qui n'avait pas d'analogie avec le reste de son habillement, Ulrik ajouta :

—J'en ai déjà usé une toute pareille à celle-ci.

—Vous aimez donc beaucoup les ceintures rouges?

—Non, mais ces deux-là ne m'avaient rien coûté ; je les ai coupées dans un châle que le flot avait déposé sur le rivage, près de Tornea ; je l'ai bien séché avec un fer à repasser... mais l'eau de la mer en a gâté la couleur.

—Est-ce que vous trouvez souvent des épaves du côté de Tornea? demanda Ernest sans réfléchir que la signification de ce mot devait être ignorée du petit forgeron.

En effet, celui-ci le regarda tout surpris.

—Les épaves, expliqua M. Norperg, sont des choses égarées, ordinairement par suite de naufrage ; celui qui les trouve peut s'en emparer, lorsqu'il est impossible d'en découvrir le propriétaire.

—Ah! ma ceinture est une épave, murmura Ulrik à demi-voix.

Puis il ramassa son fouet et partit. Ernest le suivit, tandis que son père entra dans la tente pour entretenir le feu, que la froidure de l'air, devenu très-piquant depuis qu'il n'était plus échauffé par les rayons ardents du soleil, rendait indispensable.

L'absence du petit forgeron et du jeune Allemand ne fut pas longue. Ils n'avaient pas eu besoin d'aller jusqu'à l'étang ; à peine s'étaient-ils éloignés de quelques pas, qu'un canard au plumage presque aussi brillant que celui du bouvreuil, probablement un traînard de sa troupe, passa en volant au-dessus de leur tête. Ernest lui lança sa casquette, espérant que le coup l'étourdirait et le précipiterait à terre... Il n'en fut rien. L'oiseau n'en tomba pas moins à ses pieds. D'un coup de corde habilement donné, Ulrik lui avait brisé les ailes ; il l'assomma ensuite avec le manche de son fouet. De retour à la hutte, il se mit à le plumer ; mais Ernest, qui préparait une broche en bois, remarqua que le *petit bonhomme* ou le *bon petit homme*, comme on voudra, soupirait en grommelant : « Quel dommage ! »

—Vous regrettez d'avoir ôté la vie à ce bel oiseau ? lui dit le jeune Allemand du ton de la question.

Le petit forgeron fit un signe de tête négatif.

—Vous auriez tort en effet, reprit Ernest, car nos estomacs à tous trois ont besoin de se restaurer, et votre canard fera un excellent rôti.

—Il aurait fait aussi une bien belle coiffure ! répondit Ulrik.

Ernest le regarda d'un air étonné ; mais son attention fut attirée d'un autre côté par une exclamation de son père qui, depuis quelques instants, labourait distraitement, avec sa canne, le sol inégal que recouvrait, par endroits, un peu de mousse. M. Norperg venait de sentir sa canne arrêtée par quelque chose de dur... c'était un petit coffre en bois.

—Le trésor des habitants de ce lieu, sans doute ! s'écria Ernest.

—Un fromage qu'on n'aura pas voulu ou pu emporter, et qu'on a enfoui dans la terre pour qu'il ne fût pas dévoré par une bête fauve, expliqua Ulrik.

Il alla ouvrir le coffre, que ne fermait aucune sorte de serrure et il en tira, non un fromage, mais une espèce de galette ou de biscuit enveloppé dans des feuilles de plantes aquatiques, et un vase contenant une marmelade de couleur rougeâtre, qui avait une mine assez appétissante.

—Est-ce bon, cela? demanda le jeune Norperg à leur guide.

—Très-bon, répondit celui-ci, en embrochant le canard et le plaçant devant le feu.

—A présent, reprit-il, si vous voulez vous charger de veiller votre rôti, j'irai chercher de l'eau dans ce pot à lait que je vois dans un coin de notre hutte.

—Allez, allez! répondit le jeune homme. Mais pourquoi prenez-vous votre fouet?

—Pour m'en servir dans le cas où je rencontrerais un autre canard.

—Pour aujourd'hui, nous en avons assez d'un.

—Si j'en trouve un second, je le garderai pour moi.

—Oh! mais vous aurez votre part du rôti... Croyez-moi, ne chassez plus, vous retarderiez inutilement le souper.

Soit qu'Ulrik n'eût pas entendu cette dernière recommandation, soit qu'il fût très-opiniâtre dans ses idées, toujours est-il qu'il emporta son fouet. Cette fois, il ne revint pas promptement. Le rôti commençait à se dessécher; nos deux Allemands, qui étaient encore plus altérés qu'affamés, attendaient avec impatience le retour de leur guide. Enfin, après une demi-heure d'absence, dont l'ennui quadrupla la durée pour Ernest et son père, le petit forgeron reparut. Il tenait d'une main son pot d'eau, de l'autre un canard au riche plumage.

—Vous êtes un petit bonhomme bien obstiné, s'écria Ernest en s'emparant vite du vase plein d'eau pour le présenter à son père.

—Un petit bonhomme! murmura Ulrik visiblement mortifié. Et c'est un garçon de cet âge qui me traite ainsi!

Le jeune Allemand ne prit pas garde à ce soliloque.

M. Norperg avait à peine avalé une gorgée de l'eau puisée dans l'étang par Ulrik, qu'il fit une grimace significative en posant à terre le vase qu'il venait de porter à ses lèvres.

—Cette eau sent le croupi! s'écria-t-il.

—Pour la rendre bonne, il aurait fallu pouvoir la mélanger de lait de renne.

Cette observation d'Ulrik fit souvenir M. Norperg qu'il avait dans la poche de son habit une gourde pleine d'eau-de-vie, dont il s'était muni comme d'un préservatif contre le froid, car il croyait avoir à traverser des montagnes pour se rendre à Halouen; et en Laponie, même au milieu de l'été, l'air est glacé dans les montagnes. Quelques gouttes de la liqueur spiritueuse corrigèrent le mauvais goût de l'eau. La soif de nos voyageurs se trouvant ainsi apaisée, leur appétit n'en devint que plus vif. Le canard sauvage fut aussitôt dépecé; il était probablement bien vieux, car la chair en était horriblement coriace, et les dents du fils aussi bien que celles du père ne parvinrent que difficilement à la mâcher. Les deux Allemands voulurent remplacer le pain qui leur manquait par un morceau de l'espèce de biscuit qu'avait déterré leur guide; mais ce biscuit, d'ailleurs parfaitement insipide, était si sablonneux, qu'ils n'en mangèrent chacun que deux ou trois bouchées.

—Quels sont les grains dont on tire cette mauvaise farine ? demanda Ernest.

—Il n'y a pas de grains dans notre contrée, répondit Ulrik. L'excellent gâteau que vous dédaignez, se compose de poudre d'arêtes de brochets et d'écorce tendre de bouleau pétrie avec du lait de renne.

—Ah !... fit le jeune homme ; puis il ajouta en examinant d'un air de défiance la marmelade rose qu'il avait sous les yeux.

—S'il ne vient pas de grains en ce pays, on ne doit certainement pas y récolter de fruits. D'où tire-t-on ceux avec lesquels vos ménagères confectionnent des confitures?

—Ça, ce sont des groseilles qui viennent des confins de la Norwége...

—Dans ce cas, je vais en goûter.

Cela disant, le jeune Norperg prit avec la lame arrondie de son couteau un peu de cette marmelade qu'il portait à sa bouche, quand Ulrik acheva son explication.

—On écrase ces groseilles avec des œufs d'un poisson de la Baltique, ce qui en fait un mets très-délicat et très-recherché.

Comme on le pense bien, nos voyageurs ne se soucièrent pas de ce régal. Peu satisfaits de leur repas, MM. Norperg s'enveloppèrent dans leurs manteaux et s'étendirent sur le sol fort sec de la hutte. Ulrik se chargea d'entretenir le feu durant leur sommeil, afin d'écarter de la tente les insectes qui fourmillent en été dans la Laponie. En s'endormant, Ernest jeta un coup d'œil vers le petit forgeron ; il était assis sur le tas de bois qui devait servir à alimenter le feu, et paraissait plongé dans la contemplation du second canard qu'il avait tué.

Malgré la dureté de leur couche, les voyageurs furent favorisés par le sommeil; ni l'un ni l'autre ne se réveillèrent qu'après avoir dormi pendant six heures consécutives.

—Il est temps de nous remettre en marche, n'est-ce pas, Ulrik? dit M. Norperg en se frottant les yeux. Il présumait que le petit forgeron, qu'il ne voyait pas en ce moment, se tenait blotti derrière lui dans un coin de la hutte, car il entendait sa voix grêle répéter le refrain d'une chanson qu'il disait souvent, et dans laquelle les syllabes *zi, zi* étaient seules intelligibles à l'oreille de nos voyageurs.

—Certainement il est temps, répondit une voix que l'Allemand reconnut pour celle d'Ulrik, quoiqu'elle eût une expression joyeuse qui en modifiait légèrement le son.

M. Norperg, s'étant retourné, demeura un instant stupéfait... Il avait bien devant lui un corps humain, d'une stature analogue à celle du petit forgeron; mais ce corps, au lieu d'être surmonté par une tête d'homme, paraissait servir de support à un oiseau aquatique.

—Rêvé-je donc encore? s'écria M. Norperg.

—Non vraiment, lui répondit, en riant aux éclats, son fils.

—Lui aussi, il avait remarqué la singulière figure qui confondait momentanément les idées de M. Norperg. Il s'était précipité vers elle, et avait découvert que ce corps humain, surmonté d'un oiseau, n'était autre que la personne d'Ulrik. Après avoir écorché avec beaucoup d'adresse son canard, il avait fait sécher au feu cette peau garnie de son magnifique plumage et se l'était posée sur la tête, de façon que le bec de l'animal se relevât pittoresquement sur son front, tandis que la queue s'étalait en arrière et que les ailes se balançaient sur ses oreilles. Il faut un talent particulier pour bien disposer cette coiffure, dont les élégants et les élégantes de la Laponie se parent dans les grandes occasions seulement.

Ulrik avait apparemment voulu juger de l'effet que ces ornement de tête produirait sur les deux étrangers ; nous ne savons si l'éclat de rire qu'il provoqua satisfit son amour-propre. Toujours est-il qu'il substitua prestement son bonnet ordinaire en peau de renne à son canard ; il fit une place à ce dernier dans son coffre d'écorce d'arbre, à côté de la couverture de la hutte qu'il se hâta de détendre.

Avant de partir, il remit dans le trou d'où il l'avait tirée la délicieuse marmelade à laquelle il ne s'était pas permis de goûter ; mais découvrant alors dans cette cachette un gros fromage sec, il l'emporta. Ce fromage se trouva fort bon. On sait que le lait de renne est singulièrement épais et gras. Il servit à varier un peu la nourriture des voyageurs, laquelle autrement ne se serait composée que de gibier dont, au reste, le lapon, grâce à son fouet, les pourvut abondamment pendant les trois ou quatre journées que dura le trajet de Kemi à Halouen.

Les mines de fer étaient situées à quelque distance au delà de ce dernier village, au milieu de hautes montagnes. Comme MM. Norperg approchaient du terme de leur voyage, ils remarquèrent un mont assez élevé ; depuis son sommet jusqu'à sa base, il était couvert d'animaux qui se mouvaient tous dans la même direction. Ulrik leur apprit que ces troupeaux appartenaient à des familles qui allaient à la pêche. Il n'est pas de ménage lapon qui ne possède au moins un ou deux milliers de rennes; aussi, lorsqu'un village entier émigre, ces animaux, qui suivent leurs maîtres comme des chiens, forment-ils une arrière-garde considérable.

Arrivé à l'établissement des mines, M. Norperg éprouva un vif désappointement. On ne pouvait y former un établissement fructueux pour l'avenir, qu'en y dépensant d'abord une somme triple de celle dont il pouvait actuellement disposer. Cependant, il demeura quelque temps dans cet endroit pour faire le calcul approximatif des frais d'exploitation et des produits à espérer; si bien que, lorsqu'il voulut s'en retourner, il faisait trop froid pour effectuer le voyage à pied. Il commençait même à tomber de la neige; mais elle n'avait pas encore assez de consistance pour permettre de faire usage de traîneaux. Force lui fut donc d'attendre en ce lieu sauvage que la saison d'hiver se fût bien affermie.

Cette attente, que l'ennui rendit bientôt insupportable à M. Norperg, contribua, non moins peut-être que l'âpreté de ce rigide climat, à déranger la santé de l'ancien joaillier. Précisément au moment où la neige et la glace avaient acquis le degré de solidité sans lequel les courses en traîneau présenteraient beaucoup de danger, M. Norperg fut saisi d'une fièvre, accompagnée de maux de tête et d'estomac, qui le força de se mettre au lit. Heureusement, le régisseur des mines étant, ainsi que les ouvriers, natif de Norwége, la maison dans laquelle logeaient les deux étrangers était assez confortable. C'était un bâtiment en bois, dans l'intérieur duquel des poëles entretenaient une douce température. Toutefois l'absence dans cette solitude reculée, de médecin et de pharmacien, augmentait considérablement l'inquiétude du malade et de son fils.

—Quoi! répétait ce dernier avec angoisse, il n'y a pas moyen de se procurer, à quelque prix que ce soit, les conseils d'un homme de la science?

Et tous ceux qu'il interrogeait, lui répondaient négativement.

—Je vais vous en chercher un, moi, dit Ulrik, le seul individu peut-être auquel Ernest ne se fût pas adressé.

—Allez, courez, mon enfant! lui répondit le jeune homme.

—Pourquoi donc m'appelez-vous enfant? repartit le petit forgeron d'un air vexé.

Dans une autre circonstance, le jeune Norperg eût souri de cette prétention d'Ulrik à être traité comme un homme; mais il avait trop de chagrin pour que son esprit fût accessible à la gaieté.

La mauvaise humeur d'Ulrik n'altéra pourtant pas sa bonne volonté ordinaire. Il attacha à sa chaussure des planches ferrées, larges d'environ six pouces, longues de plus de deux mètres, et relevées en pointe par devant comme des patins; au lieu du fouet dont nous l'avons vu précédemment armé, il prit une espèce de balancier terminé d'un côté par un fer de lance, de l'autre par une grosse boule. Non-seulement ce balancier sert aux voyageurs lapons, tantôt à piquer la terre pour s'arrêter dans leur course, tantôt à s'appuyer sur la neige pour éviter les chutes; mais encore il leur tient lieu de javelot, en cas d'attaque de la part des animaux sauvages.

Le petit forgeron partit donc... Deux minutes s'étaient à peine écoulées, qu'Ernest qui le suivait des yeux ne le distingua plus que comme un point noir, dans la gorge profonde qui s'étendait devant lui.

Au bout d'un quart d'heure, Ulrik était de retour. L'individu qu'il amenait, bien qu'il ne fût pas tout à fait aussi grand que lui, paraissait pénétré du sentiment de sa propre importance.

—Encore un petit bonhomme ! s'écria le jeune Norperg.

—*Petit bonhomme!* Vous avez toujours cette expression-là à la bouche, répondit Ulrik avec un peu d'aigreur, tandis que son compagnon se déchargeait, d'un air solennel, du tambour qu'il portait, et sur lequel étaient peintes diverses petites figures.

—Cet homme n'est pas un docteur, dit Ernest.

Avant qu'Ulrik eût eu le temps de lui répondre, le nouveau venu plaça une bossette en cuivre sur son tambour, dont il se mit à battre d'une manière assourdissante.

—Est-ce donc ainsi que vous vous y prenez pour guérir vos malades? demanda encore le jeune homme.

Sans paraître déconcerté par cette apostrophe, le devin (car tel était le caractère du personnage qu'amenait le petit forgeron) continua son opération magique. Il examina attentivement les figures sur lesquelles les coups de tambour faisaient sauter la bossette... C'étaient autant de signes mystérieux au moyen desquels il prétendait acquérir une connaissance certaine de la situation du malade pour qui on le consultait.

Lorsque le sorcier se regarda comme suffisamment instruit, il se tourna vers Ulrik, prononça d'une voix rauque quelques mots inintelligibles pour le jeune Norperg, et ouvrant une boîte de sapin, il y prit un petit paquet qu'il tendit à Ernest.

—C'est un emplâtre ; il faut l'appliquer sur la poitrine du malade, auquel il rendra infailliblement la santé, expliqua le petit forgeron qui, en cette circonstance, remplissait les fonctions d'interprète.

—Que de temps perdu ! s'écria le jeune Allemand, en jetant de côté l'emplâtre. Imbécile Ulrik ! il m'amène un soi-disant devin quand j'attends un docteur.

—Un docteur ! répéta Ulrik ; ah ! c'était un docteur que vous souhaitiez ! Si vous m'aviez dit cela, je vous aurais répondu : « Il n'y en a pas même à Kemi ; pour en avoir un, il faut aller à Tornea. »

—Nous sommes loin de Tornea?

—Encore plus que de Kemi.

—Et nous avons mis quatre jours pour venir ici !

—Oui ; mais en traîneau et en changeant de renne dès que l'animal paraîtra fatigué, nous ne mettrons pas plus de huit heures.

—Partons sur-le-champ, je t'en supplie, mon bon Ulrik.

—Vous savez bien que je suis votre serviteur... Tout ce que je vous demande en grâce, c'est de ne plus m'appeler petit bonhomme.

—Je te le promets. Comment veux-tu que je t'appelle?

—Père Ulrik.

—Eh ! bien, père Ulrik, dit Ernest, qui était trop soucieux pour s'étonner de cette fantaisie du petit forgeron, attelle tout de suite un traîneau.

En achevant ces mots, le jeune homme entra dans la chambre où reposait son père, duquel il obtint, non sans peine, l'autorisation d'aller lui-même à Tornea chercher un médecin.

—Envoies-y Ulrik, disait M. Norperg.

Mais Ernest ne pouvait plus se fier à lui après l'aventure du tambour magique, et il persista dans sa détermination. Avant de le laisser entrer dans le traîneau, Ulrik lui fit revêtir un habillement de peaux de bêtes fauves. Tous deux se couvrirent aussi le visage d'un masque en écorce de bouleau, afin d'éviter d'avoir le nez gelé ; ils enfoncèrent sur leur tête un bonnet fourré comme les bottes dont ils se chaussèrent, et ainsi affublés ils se tapirent, munis chacun d'un balancier, dans un traîneau ayant la forme d'un canot ponté. Le renne qui y était attelé partit au grand trot. C'était un bel animal, haut d'environ quatre pieds et demi. Le renne a comme le cerf, sur la tête, une ramure qui projette une quantité d'andouillers ; son poil est épais, ses jambes sont nerveuses, et ses pieds sont pourvus d'énormes sabots avec lesquels il se défend victorieusement contre les loups.

Bien que les rennes ne galopent pas, la rapidité de leur course est telle, que les étrangers qui ne sont pas accoutumés à cette manière de voyager, en perdent la respiration. D'ailleurs, les rennes, qui ont le pied très-sûr, et que les passages les plus difficiles n'effrayent pas, gravissent les rampes escarpées, descendent au fond des ravins, côtoient les précipices avec une rapidité étourdissante. Néanmoins le jeune Norperg, en se voyant emporté comme une flèche à travers des monticules de neige et des blocs de glace, contre lesquels il semblait que le traîneau devait se heurter à chaque instant, n'éprouva pas de sensation de crainte ; son impatience d'arriver était si vive, qu'il aurait encore pressé l'allure du renne, si cela eût été possible. Mais cet animal inoffensif et docile ne peut pas supporter d'être traité durement; lorsqu'on veut exiger de lui plus que ses forces ne lui permettent de faire, il s'irrite et devient ingouvernable. La manière d'atteler le renne est très-simple : on l'attache au-devant du traîneau avec une corde qui tient à son collier, lequel est en peau et fort large; on passe une autre corde autour de son *bois;* elle sert de bride au conducteur, à qui il suffit, pour diriger l'animal, de jeter cette corde à droite ou à gauche sur ses flancs.

Or, il arriva qu'après avoir couru avec une vélocité sans égale pendant deux heures de suite, le renne qui conduisait Ulrik ralentit tout à coup son pas. Sans réfléchir que la pauvre bête trouvait sûrement bien lourd le traîneau qu'elle tirait, le jeune Norperg, qui n'avait dans la tête qu'une seule idée, celle de soulager au plus tôt les souffrances de son père, s'avisa de toucher le dos du renne avec l'extrémité aiguë de son balancier.

—Oh! ciel, que faites-vous! s'écria le Lapon avec l'accent de la terreur.

Au même instant, le renne, s'arrêtant brusquement, se retourna en fureur... Ernest se crut perdu; mais son compagnon, le poussant vivement et se jetant lui-même hors du traîneau, renversa sur eux deux le véhicule, qui les couvrit comme une coquille et les mit à l'abri des coups d'andouillers et de sabots de l'animal exaspéré.

Lorsque le petit forgeron jugea que la colère du renne devait être calmée, il sortit avec Ernest, de leur cachette, et il était temps; un quart d'heure plus tard, l'Allemand eût été suffoqué. Puis Ulrik releva son traîneau, remonta dedans, ainsi que le jeune Norperg, et se dirigea vers un troupeau de rennes qui errait dans la plaine de neige. Il y choisit un renne robuste pour remplacer le sien, qu'il laissa en cet endroit. Il relaya ainsi trois autres fois, et, suivant sa promesse, Ernest arriva à Tornea huit heures après avoir quitté les mines d'Halouen.

Il y avait alors à Tornea un médecin fort savant. Il ne pouvait s'absenter en ce moment-là de la ville, où régnait une maladie épidémique ; mais il donna au jeune homme divers médicaments pour le malade, avec des instructions très-précises sur la manière dont il fallait les lui administrer. Quand Ernest lui parla de l'emplâtre du magicien, il sourit :

—C'était sans doute, dit-il, la panacée des Lapons : un mélange de graisse de renne et de résine de pin.

Cette consultation donnée, le docteur reconduisit son client étranger jusques dans la pièce d'entrée de son appartement. Ernest y retrouva son guide solitairement assis dans un coin ; en voyant reparaître le jeune Norperg, il se leva précipitamment, et s'avançant vers le médecin, il lui demanda si *sa petite malade* était enfin bien rétablie.

—Si bien, répondit le docteur, que depuis plus de trois semaines elle est retournée chez vos amis de la plage. Elle s'ennuyait ici, malgré les soins dont elle était l'objet de la part de mes enfants ; car, en vérité, cette petite est gentille au possible. Cependant, comme cette fièvre intermittente, dont je crois l'avoir entièrement guérie, a quelquefois, chez certains sujets, des retours éloignés, j'avais recommandé aux braves gens chez lesquels vous avez mis votre protégée de me l'amener au bout de quinze jours, afin que je pusse juger de l'état de sa santé.

—Est-ce que vous ne l'avez pas revue depuis ces trois semaines ? demanda Ulrik d'un air inquiet.

—Non ; apparemment elle continue de se bien porter, répondit le docteur en saluant de nouveau le jeune Norperg.

Tous deux désiraient mettre fin à cet entretien : l'un, parce qu'il avait beaucoup de malades à visiter ; l'autre, parce qu'il était pressé de retourner auprès de son père. Ernest sortit donc de l'antichambre en même temps que le praticien rentrait dans son cabinet, et il descendit à la hâte l'escalier, sans prêter aucune attention aux murmures d'Ulrik, dont il était suivi :

—Est-ce vrai qu'elle continue de se bien porter ?... Ah ! si je ne craignais pas qu'il fît trop froid chez nous pour la petite, j'irais la reprendre à ces pêcheurs... En attendant, je voudrais bien la voir. L'endroit de la côte où je l'ai laissée n'est pas à plus d'un quart d'heure de chemin de la ville... Seriez-vous assez bon, Monsieur, demanda ensuite délibérément le guide à Ernest, pour m'attendre quelques instants à l'auberge ?...

—Attendre ! quand cinq minutes peuvent aggraver la maladie de mon père et le mettre à deux pas de la tombe ! s'écria le jeune homme avec une telle véhémence, qu'Ulrik, effrayé, le dépassa dans la rue où ils se trouvaient alors, en lui disant :

—Regagnons vite notre traîneau, Monsieur, et repartons.

Néanmoins, comme il marchait un peu en avant pour arriver le premier à l'auberge dans la cour de laquelle nos voyageurs avaient laissé leur traîneau, Ernest le vit s'arrêter brusquement, en faisant des gestes de surprise joyeuse devant un enfant de sept à huit ans qu'une vieille femme du peuple tenait par la main ; puis ce furent de l'un et de l'autre côté des exclamations en suédois.

—Ah ! bon petit père Ulrik !
—Oh ! chère Zizi !
—Viens-tu avec nous?
—Comment te portes-tu ?
—Très-bien.
—Adieu donc !
—Tu nous quittes comme ça ?
—Je reviendrai tout exprès pour te voir et je t'apporterai un beau plumage de canard.
—Bien vrai ?
—Bien vrai.

Et cela disant, l'ancien petit forgeron de Tornea serra affectueusement l'enfant dans ses bras. Puis il rejoignit son compagnon, ou, si l'on veut, son maître qui à son tour venait de le dépasser.

—Qui est cette petite fille avec laquelle tu t'es arrêté si longtemps? demanda Ernest quand il fut monté dans le traîneau.

—Si longtemps ! répéta Ulrik d'un ton chagrin. A peine ai-je pu dire adieu à cette pauvre Zizi.

—Quoi ! reprit le jeune homme, ce mot de Zizi qui revient si souvent dans tes refrains de chanson, est-ce le nom d'une petite fille ?

—Je le crois; c'est le seul mot qu'elle a su répondre à mes différentes questions, quand je l'ai ramassée sur la plage, et il lui a fallu un si long temps, près de deux ans, pour en venir à comprendre et à parler le norwégien que, lorsqu'elle l'a su, elle ne se souvenait plus de ce qu'elle a été autrefois... Peut-être aussi la frayeur que lui aura fait éprouver le naufrage auquel elle a probablement échappé, aura bouleversé sa petite tête.

—Cette enfant n'est-elle pas la fille des pêcheurs dont vous parlait le médecin?

—Non, Monsieur. Ils prennent soin d'elle, parce que je leur ai donné de l'argent pour ça, d'abord. Par la suite, ils se sont attachés à Zizi... Elle est si gentille!

—Effectivement, je l'ai vue en passant, et elle m'a paru avoir une aimable petite figure.

—Ah! qu'elle vous paraîtrait bien autrement jolie, si vous la voyiez avec ses beaux bijoux!

—Comment! elle a de bijoux?

—Oui; je ne sais pas, par exemple, si ce sont des pierres précieuses ou seulement de petits morceaux de verre de couleur... Quoi qu'il en soit, je les ai laissés à la petite que j'ai trouvée une fois pleurant à chaudes larmes, parce qu'on les lui avait retirés.

—Je vois que cette orpheline dépend absolument de vous.

—Certainement; elle est ma propriété, puisque les épaves appartiennent à ceux qui les trouvent.

—Je ne vous comprends pas.

—Monsieur, Zizi est une épave ni plus ni moins que ma ceinture rouge que vous appelez un châle; j'ai ramassé l'une et l'autre sur les sables du rivage où le flot les avait apportés ensemble, vraisemblablement.

—Voilà une étrange histoire, dit à demi-voix Ernest.

Puis, comme à mesure que diminuait pour lui la distance qui séparait Tornea d'Halouen, son anxiété au sujet de la situation dans laquelle il allait retrouver son père, s'accroissait et absorbait toutes ses pensées, il garda le silence. Ulrik l'imita.

Heureusement, l'état de M. Norperg s'était amélioré

pendant l'absence de son fils. L'observance exacte des prescriptions du médecin suédois acheva promptement la guérison du malade.

—Mon ami, dit un jour Ernest au petit forgeron, en me conduisant aussi rapidement que tu l'as fait, tu m'as rendu un inappréciable service... Comment pourrai-je le reconnaître?

—En obtenant actuellement de votre père qu'il me donne mon congé, s'empressa de répondre Ulrik.

—Quoi! Te trouves-tu malheureux avec nous?

—Non; vous avez toujours été bon pour moi... Mais je soupire après mon pays et ma famille.

—Ne te regardes-tu pas ici comme dans ton pays?

—Pas précisément... Nous sommes bien dans la Laponie, mais non pas dans le Lap-Mark où je suis né. D'Halouën à Kitika, mon village, il y a aussi loin que d'ici à Tornea, avec cette différence que Tornea est au sud et Kitika au nord. En ce lieu-ci comme à Tornea où d'ailleurs je retournerai de temps en temps voir ma petite Zizi, il n'y a que des étrangers.

—Et ta famille est nombreuse?

—Vous pouvez en juger par vos propres yeux. Elle vient d'arriver ici pour me chercher.

Cela disant, Ulrik montra du geste au jeune Norperg une cinquantaine d'individus, de taille lilliputienne, revêtus de peaux d'ours depuis les pieds jusqu'à la tête. Grâce aux longues planches ferrées qui étaient attachées sous leurs pieds, ils se promenaient en long et en large sur un étang glacé, près de la maison du régisseur.

—Ils sont tous vos parents? dit Ernest du ton de la question.

—Oui. Le plus âgé est mon aïeul; il a quatre-vingt-cinq ans. Mon bisaïeul qui en a cent-dix, est resté à Kitiva; les autres sont mes frères et sœurs, mes neveux et nièces, mes enfants et petits-enfants.

—En vérité! s'écria le jeune Norperg stupéfait. Mais vous-même, quel âge avez-vous donc?

—Quoique je sois de petite taille, surtout auprès de ces *géants* suédois et norvégiens, j'ai quarante-deux ans... Mes fils et petits-fils sont au nombre de dix... Vous le voyez, je ne suis pas un petit bonhomme et j'ai bien le droit de me faire appeler *père* Ulrik?

—Oh! sans doute.

Ernest courut ensuite dans la chambre de son père pour lui faire part de la demande du *petit forgeron*. M. Norperg comprit qu'il serait inutile de tenter de retenir auprès de lui un homme, que cinquante de ses proches parents étaient venus chercher d'une distance de trente lieues. Il fit remettre à Ulrik une provision de tabac et d'eau-de-vie, en sus du salaire qui lui était dû, ce dont le Lapon fut enchanté. Il partit avec toute sa famille.

De leur côté, MM. Norperg se préparèrent à quitter les mines d'Halouen: le fils tout joyeux d'avoir, par ses bons soins, rendu la santé à son père, et celui-ci un peu chagrin du triste et infructueux voyage qu'il avait fait dans cet affreux pays.

—Cependant, remarqua-t-il un jour, en conversant avec Ernest, j'ai tort de me plaindre si fort de mes déceptions... Je songe à ma première excursion dans ces contrées hyperboréennes, et je me représente l'affliction de mon ami le négociant en voyant périr sous nos yeux, sans pouvoir la sauver, cette charmante petite Anastasie, sa nièce.

—Ah! oui, elle s'appelait Anastasie, dit Ernest d'un air pensif.

—C'est un nom assez usité en Russie, ajouta M. Norperg ; comme il est un peu long, on appelait ordinairement la petite Kitof, Zizi.

—Zizi! répéta le jeune homme, frappé d'un trait de lumière.

Et aussitôt il raconta à son père les particularités de sa rencontre avec la protégée du père Ulrik, ainsi que les détails que ce dernier lui avait donnés à ce sujet.

—Ce ne peut être qu'Anastasie Kitof! s'écria M. Norperg. Tout s'accorde pour ne point laisser de doute à cet égard.

—Il y a pourtant quelques objections à faire, remarqua Ernest. Comment se peut-il, par exemple, qu'une enfant de quatre ans ne sût pas la langue suédoise ou norvégienne qu'on parle à Tornea, et que dans la suite, lorsqu'elle l'eut apprise, non sans peine, à ce qu'il paraît, elle n'ait raconté à personne des circonstances de sa vie passée ?

—D'abord, répondit M. Norperg, la famille Kitof n'habitait Uleaborg que depuis quelques mois ; auparavant elle demeurait à Pétersbourg, et comme les parents d'Anastasie voulaient que leurs enfants sussent très-bien le français, non-seulement ils leur avaient donné une institutrice parisienne, mais eux-mêmes ne conversaient entre eux que rarement en russe. Quant au manque de mémoire de la petite...

Le père Ulrik l'a judicieusement attribué à quelque frayeur subite, ajouta Ernest. Vous avez raison, mon père, ce ne peut être qu'Anastasie Kitof.

A l'issue de cet entretien, MM. Norperg partirent pour Tornea. Après s'être informés chez le médecin qui avait soigné la petite fille malade, de la demeure des gens auxquels Ulrik avait été obligé de confier son *épave*, ils se rendirent sur la plage, hors de la ville. Arrivés là, le premier objet qui s'offrit à leurs regards fut une petite fille assise devant une cabane de pêcheurs. Elle jouait d'un air sérieux, presque triste, avec des coquilles; ses vêtements étaient ceux d'une enfant du bas peuple et contrastaient d'une façon bizarre avec les magnifiques pendeloques qu'elle avait à ses oreilles. C'étaient les girandoles dont le négociant avait fait autrefois cadeau à sa sœur. Quant à l'enfant, elle était si grandie, si hâlée, que l'ancien joaillier ne la reconnut pas d'abord. Pour lui, comme son visage ni sa taille n'avaient pas changé, sa vue éveilla tout à coup dans l'esprit de la petite fille des souvenirs qui, pendant quatre ans, y étaient restés pour ainsi dire endormis.

—Maman! maman! Où est maman? cria-t-elle en français, quand M. Norperg s'arrêta près d'elle pour la considérer!

—Vous êtes la fille de Mme Kitof?... commença Ernest doucement, et dans la même langue qu'elle.

—Oui! oui! répondit-elle avec vivacité, en regardant toujours M. Norperg le père, qui lui dit à son tour :

—Nous sommes venus vous chercher pour vous conduire près de votre maman.

—Oh! que vous êtes bon! s'écria Zizi en se levant et sautant de joie.

M. Norperg, après avoir rémunéré les pêcheurs de leurs soins pour la protégée du père Ulrik, emmena la petite Kitof et la conduisit immédiatement à Riga, où vivaient alors ses parents. Ce fut une scène bien attendrissante que celle du retour tout à fait inespéré d'Anastasie dans sa famille ! Aussi M. Norperg ne regretta-t-il plus son voyage en Laponie.

Camille Lebrun.

LES DEUX AMIES.

Ligurio et son enfant chantant à la porte d'une ferme.

LES DEUX AMIES

Ou heureux effets du bon Exemple.

A l'époque où la rue des Martyrs était encore en construction, un modeste ménage, composé de la mère, d'une jeune fille et d'une vieille servante, vint habiter une des quatre ou cinq maisons nouvellement bâties.

Son logement ne comportait que trois pièces, deux chambres, dont l'une d'elles, la plus grande, servait également de salon, l'autre de salle à manger, et la dernière de cuisine et de gîte à la mère Richard, gouvernante du pauvre ménage.

Mme Roger, avec qui nous faisons connaissance en cet instant, avait vu des jours plus heureux : son mari, employé supérieur dans un ministère, touchait alors de bons appointements, lui rendait la vie aussi douce qu'agréable, et une fille, leur unique enfant, était venue embellir encore l'union de ces honnêtes époux. Mais malheureusement, pour elle comme pour tous, les jours heureux lui furent comptés d'une main avare, et une longue maladie que fit M. Roger, et la mort qui s'ensuivit, emportèrent avec elles, non-seulement toutes les joies, mais encore toutes les économies de la triste veuve.

Mme Roger avait donc dû quitter le somptueux appartement qu'elle occupait jadis, pour venir, n'emportant avec elle que quelques débris de son riche mobilier, cacher sa modeste existence loin de ceux qui l'avaient connue dans la vie aisée, qui était la sienne alors. La mère Richard, son ancienne jardinière, sa sœur de lait, sa ménagère enfin, avait voulu la suivre à tout prix, et Mme Roger avait accepté ce dévouement, non-seulement avec reconnaissance, mais encore avec plaisir, parce que, comptant employer son temps et celui de sa fille à un travail assez lucratif pour les faire vivre, l'économie, l'ordre et les soins de la mère Richard leur devenaient une nécessité.

Grâce à son intelligence et à son activité, l'honnête veuve n'avait pas tardé à trouver l'ouvrage qu'elle désirait ; elle peignait fort bien à l'aquarelle. Louise, sa fille, possédait le même talent, et une commande assez considérable d'écrans et d'éventails, qui venait de lui être faite, avait relevé son courage et lui montrait le doux sourire de l'espérance à travers des rêves dorés.

Hélas ! faut-il donc que toujours à côté du bien le mal se révèle ici-bas ! Ainsi, à mesure que Mme Roger montrait de l'énergie et du courage, Louise se laissait envahir par l'énervement et la nonchalance. D'abord sa mère, dont elle était la seule joie, l'unique tendresse, n'avait voulu voir dans le penchant funeste à la paresse qui se développait chez sa fille, que l'ébranlement causé par la douleur sur une nature frêle et impressionnable, qu'un rien abat, mais aussi qu'un rien relève et fait planer au-dessus des obstacles avec toute la force que donne la confiance en soi-même aux jeunes cœurs à qui le doute est encore inconnu ; mais malheureusement chaque jour ébranlait en elle cette espérance, et elle commençait à comprendre qu'un nouveau malheur menaçait de la frapper, si elle ne parvenait pas à extirper au plus vite la plante parasite et vénéneuse qui venait gâter son idole, idole que jusque-là elle avait cru sans défauts, car Louise réunissait en elle tous les charmes du corps à toutes les beautés de l'âme.

Sa figure appartenait, pour ainsi dire, à ce type fin et délicat, à cette poésie fantastique dont Greuze prend plaisir à revêtir ses délicieuses créations ; la fraîcheur des joues, la régularité des sourcils, la pureté des lignes, la virginité fortement empreinte dans tous les traits de la physionomie, les boucles blondes aux reflets dorés, qui entouraient son cou gracieux, faisaient rêver aux anges en regardant Louise ; et ce rêve se changeait en réalité pour qui la connaissait, car jamais un cœur plus généreux, une âme plus droite, un caractère plus noble ne pouvaient se trouver réunis. On comprend donc la douleur dont fut envahie l'âme de la pauvre mère, quand elle s'aperçut qu'un défaut fatal menaçait de détruire tant de qualités charmantes.

Malheureusement, dans les observations qu'elle faisait à sa fille pour la prémunir contre le mal, Mme Roger trouvait toujours entre elles deux un antagoniste aussi maladroit que dévoué.

La mère Richard, qui elle aussi adorait Louise, mais de cette adoration aveugle, imprévoyante, stupide en un mot, comme les gens sans éducation, sans intelligence, sans vues élevées, apportent toujours à l'objet de leur culte, ne voulait voir, dans les représentations pleines de sagesse que la mère adressait à son enfant, que l'acrimonie d'un caractère aigri par le malheur, et accusait sans cesse celle-ci d'être injuste et tracassière avec une pauvre petite orpheline qui n'avait plus qu'elle au monde pour soutien.

Sans s'en rendre bien compte à elle-même, Louise partageait dans le fond de son cœur la pensée de sa vieille gouvernante, et si elle n'osait pas accuser sa mère, il n'en est pas moins vrai que les observations qu'elle lui faisait n'avaient aucune portée et glissaient légèrement sur son esprit sans y laisser la moindre trace. Ainsi, pour vous donner un exemple de ces petits détails, si futiles en apparence et si graves en réalité, nous allons assister à une de ces scènes intérieures qui se renouvelaient chaque jour.

Assise auprès d'une table placée à côté d'une fenêtre, pour faire descendre un jour plus direct sur son ouvrage, Mme Roger faisait voltiger avec adresse le pinceau qu'elle tenait entre ses doigts sur une grande feuille de vélin, où elle composait un délicieux bouquet, tandis qu'en face d'elle, Louise, les deux coudes appuyés sur la table, le bout de son pinceau entre ses lèvres, semblait suivre une pensée à travers les espaces ou une mouche au milieu des airs.

—Eh bien! ma fille, à quoi rêves-tu donc ainsi, que tu

oublies et ta palette qui sèche, et ton bouquet qui te réclame? dit en souriant l'active travailleuse.

—A rien, maman, dit Louise en rougissant et reprenant son ouvrage.

—Mais mon doux Jésus! vous n' pouvez donc pas la laisser tranquille c't enfant? s'écria la mère Richard, qui, elle aussi, raccommodait du linge auprès de la table. On dirait qu' ça vous fait du bien d' la bougonner tant qu' la journée dure; pauvre innocente! C'était pas comme ça autrefois, du temps d' son papa, qui était si bon.

—Tu es injuste, Richard, dit doucement l'honnête veuve; autrefois nous avions de quoi vivre, aujourd'hui notre travail est nécessaire pour cela; voilà pourquoi il nous faut du courage à toutes trois, et toi et moi nous sommes les seules à en avoir, ajouta-t-elle en laissant échapper un douloureux soupir.

Louise sentit ses yeux se mouiller de larmes; mais cette salutaire impression fut aussitôt effacée par les maladroites paroles de son officieux défenseur.

—Vous et moi!... vous et moi!... grommela la vieille Richard, ça vous est bien aisé à dire à vous, qu'êtes une femme d'âge; mais trouvez beaucoup d' jeunesses qui soient aussi laborieuse qu' notre pauvre Louise, et j' vous paye un merle blanc. Elle fait c' qu'elle peut, c' te p' tite, et plus qu'elle peut encore, puisqu'elle en est toute pâle et toute changée. Vous n' voulez pas faire mourir vot' fille à la peine, peut-être!...

En entendant ces paroles absurdes, Mme Roger haussa les épaules et redoubla d'ardeur à son travail, tandis que Louise promenait nonchalamment son pinceau sur sa peinture, se disant, *in petto,* que beaucoup de jeunes filles à sa place ne portaient certainement pas autant de dévouement à leur mère et de courage à leur ouvrage, qu'elle le faisait ainsi journellement ; et ce rôle de victime qui lui était donné convenait à sa bonté généreuse et à sa conscience. Elle s'y enveloppa dans toute son innocence et se résigna à n'en plus sortir.

Toujours, par suite du même système, car non-seulement tous ses besoins, mais tous ses caprices étaient prévenus par la mère Richard, Louise se laissa servir en grande dame, et peu à peu elle tomba dans une nonchalance et une paresse qui faisaient sérieusement concevoir les plus graves inquiétudes à sa mère pour le bonheur de son avenir, quand un incident étrange vint la sauver du péril dont elle était si cruellement menacée.

Dans un petit cabinet obscur, ouvrant sur le corridor qui conduisait au modeste appartement de l'honnête famille avec laquelle nous venons de faire une intime connaissance, habitait une jeune fille italienne qui avait pour métier de chanter, en s'accompagnant d'une guitare, devant les cafés ou autres endroits publics de Paris. Elle avait quinze ans et se nommait Tealda Ligurio ; son père, dont la mère et la femme étaient mortes toutes les deux à peu près dans le même temps, avait été un de ces gondoliers mélomanes qui souvent brillent à Venise. Brouillé avec la police autrichienne, auprès de laquelle, sans en connaître la raison, il s'était trouvé compromis, on lui indiqua Paris comme la terre promise, et, traînant sa petite Tealda par la main, chantant à la porte de toutes les fermes, à l'entrée de tous les villages, il y arriva enfin. Mais il n'évita la prison autrichienne que pour trouver l'hôpital français ; car au bout de quelques mois de séjour à Paris, la fatigue du voyage, l'air de l'exil et le regret de ses belles lagunes le firent tomber malade, et il mourut à l'Hôtel-Dieu.

Restée seule dans un pays qui n'était pas le sien et où elle ne connaissait personne, la fille du vieux Ligurio continua le métier de son père, le seul, hélas! qu'elle connût, la pauvre enfant! et qui lui rapportait juste de quoi ne pas mourir de faim. Mais, hélas! après que la mort lui eut enlevé son unique ami, son seul soutien, l'orpheline se trouva promptement en retard pour le payement de son modique loyer; et comme son mobilier sans valeur, car, tout entier, il ne se composait que d'un triste grabat, d'une chaise, d'une table et d'une caisse où elle serrait ses nippes, n'inspirait pas grande confiance, le portier de la maison lui signifia un jour, par ordre du propriétaire, que si la semaine suivante elle n'avait point donné d'argent, elle serait mise à la porte.

Le délai expira sans que la jeune fille eût pu s'acquitter; mais, espérant obtenir un nouveau répit, elle alla elle-même le demander à Mme Renard, propriétaire de la maison, où se trouvaient rassemblées toutes les héroïnes de notre modeste récit.

Mme Renard était une ancienne revendeuse à la toilette, laquelle avait passé trente années de sa vie sous les piliers du Temple, pour acquérir la fortune assez rondelette qu'elle possédait alors; mais au lieu d'en jouir avec modération et sagesse, elle avait pris l'amour de l'or dans tout le cruel de sa passion et ne connaissait pas d'autre bonheur que de thésauriser sou sur sou, se privant même du nécessaire pour augmenter son trésor. Ce vice terrible avait entraîné avec lui les plus tristes conséquences, et la dureté de cœur était le moindre de tous ses inconvénients. Telle était la personne que la pauvre Tealda espérait attendrir par ses prières !

Un soir, la veille du jour où devait expirer le délai fatal, elle se présenta, les yeux baissés, la voix tremblante devant cette implacable créancière ; elle lui expliqua qu'on était encore dans la mauvaise saison, mais que les beaux jours allaient revenir ; qu'il y aurait plus de monde dans les promenades, devant les cafés ; qu'ainsi ses recettes seraient plus productives et qu'alors elle se verrait sûrement en mesure de la payer.

La Renard fut inflexible et ne voulut pas prolonger le délai d'un jour.

—Mais où voulez-vous donc que j'aille, Madame? disait la pauvre enfant, en joignant les mains et laissant échapper de grosses larmes de ses yeux.

—Tiens ! ça n'est pas mon affaire, répondit la ménagère avec un ricanement cruel ; pourvu que ça ne soit pas dans ma maison, vous pouvez habiter celle que vous voudrez, ma mie.

—Attendez au moins deux ou trois jours, je vous en supplie, murmura alors Tealda, voyant toute une éternité dans ces quelques heures.

—Pas une minute de plus que je ne vous ai dit, fit brusquement la Renard, en ouvrant la porte de l'escalier afin d'ôter tout espoir à la triste solliciteuse.

—Hélas !... il me faut donc mourir, puisque vous me chassez !... s'écria celle-ci en éclatant en sanglots.

—Je ne vous chasse pas, dit plus doucement Mme Renard, qui craignit que sa dureté ne fût connue de tous ses autres locataires et ne les engageât à la quitter ; je vous dis seulement que demain, à midi, je tiendrai votre quittance prête et que, si je ne vois pas d'argent, je fermerai la porte de votre chambre. Que diable! on n'est pas un Crésus parce qu'on a une maison, et y faut bien que les pauvres propriétaires vivent du produit de leurs propriétés; ils ne peuvent pas manger leurs pierres, non plus. Dame! il faut aussi être juste!

Tealda n'entendit pas les douceureuses explications que se croyait obligée de lui donner la méchante créature, et même les eût-elle entendues, qu'elle ne les aurait pas comprises; car, pour elle, la bonté était un don divin que Dieu a réparti à toutes ses créatures, et en manquer lui semblait une anomalie que rien ne pouvait expliquer ni excuser. Elle rentra donc dans sa chambre, et, ne se sentant plus ni force ni énergie pour soutenir la lutte, elle se jeta sur son lit et passa toute la nuit à pleurer.

Mme Roger qui, cette même nuit-là, travaillait pour terminer une commande importante et pressée, entendit ces pleurs et ces gémissements; elle eut d'abord l'idée d'aller porter des secours et des consolations à cette douleur qui se lamentait si près d'elle, mais la prudence la retint: l'heure était fort avancée, elle ignorait à qui elle pouvait avoir affaire; elle remit donc au lendemain pour prendre des informations sur l'infortunée qui habitait près d'elle, se réservant d'agir suivant les circonstances. La mère Richard, qu'elle interrogea aussitôt que celle-ci entra dans sa chambre, lui ayant appris la triste histoire de la petite chanteuse et la situation cruelle dans laquelle elle se trouvait, l'honnête veuve songea à sa fille et sentit son cœur douloureusement oppressé.

—De sorte, dit-elle, que la pauvre enfant va être mise

à la porte si elle ne paye pas vingt francs d'ici à quelques heures ?... Et un profond soupir accompagna ces paroles.

—Eh mon Dieu! oui, dans une heure ou deux, au plus tard, dit la mère Richard avec une profonde émotion; car elle aussi elle était bonne, et son imprudent attachement à Louise était la seule cause de son injustice pour une maîtresse qu'elle aimait d'une tendresse sans bornes.

Mme Roger garda le silence durant quelques instants, puis tirant une riche bague de son doigt, elle y déposa un tendre baiser, et la donnant à sa vieille gouvernante, elle lui dit avec un doux sourire mêlé de larmes :

—Tiens, Richard, va chez le bijoutier du coin, c'est un brave homme; tu en auras au moins vingt francs, et tu payeras la dette de la pauvre orpheline. Alors, si, du haut du ciel, Dieu permet à ses élus de voir ce qui se passe sur la terre, notre cher défunt nous enverra une bénédiction qui sera mille fois plus précieuse que ce bijou, lequel n'avait plus d'autre prix à mes yeux que d'être un de ses derniers souvenirs.

La vieille Richard, la figure couverte de larmes, s'inclina respectueusement devant la noble femme qui, dans son malheur, ouvrait encore son âme aux douleurs qui l'entouraient; puis, prenant la bague, elle alla remplir fidèlement la commission qui lui avait été donnée.

Peu de temps après, elle revint rapporter triomphalement à sa maîtresse la quittance de la pauvre orpheline. Mme Roger sourit de plaisir.

—Eh bien! va la lui porter toi-même, dit-elle, tu as bien mérité d'avoir ce bonheur. Il est si doux celui qui nous vient de la joie des autres !...

La vieille Richard ne se fit pas répéter cet ordre, et,

légère comme un oiseau, elle entra dans la chambre de la jeune italienne, la clef se trouvant à la porte.

Théalda était endormie tout habillée sur son lit; sa figure entièrement couverte de larmes était embellie par un doux sourire ; tel, après une forte rosée de printemps, le soleil éclairant la prairie, fait étinceler comme des pierreries toutes les gouttes d'eau appendues aux brins d'herbe. Elle tenait entre les mains un petit crucifix accroché à son cou par un fin ruban noir. Le sommeil l'avait saisie sans doute au milieu de sa douleur et de sa prière ; et son bon ange, dans un doux rêve faisait miroiter à ses yeux l'espérance.

L'honnête gouvernante respecta le repos de la pauvre orpheline, et ce fut avec la plus grande précaution qu'elle glissa la quittance entre le crucifix et les petits doigts qui le tenaient prisonnier. Théalda fit un mouvement comme un enfant gêné dans son sommeil, mais elle ne se réveilla pas et la bonne Richard s'en alla toute triomphante raconter sa petite malice à ses maîtresses. Seulement, à dater de cet instant, la bonne vieille ne sut plus tenir en place ; sous un prétexte ou sous un autre, à chaque instant, elle ouvrait la porte, elle sortait dans le corridor ; enfin elle fit tant et si bien que bientôt la petite voisine se rencontra avec elle.

Théalda lança sur elle un de ces regards qui lisent jusque dans l'âme, puis s'avançant résolûment vers elle, elle lui prit les mains qu'elle baisa respectueusement en disant d'une voix émue :

—Merci ! ô merci, Madame.

—Merci, de quoi ? mon enfant, fit la bonne Richard en cherchant à dissimuler son attendrissement, je ne vous connais pas et je n'ai rien fait pour vous.

—Vous m'avez sauvé la vie, avec ce papier, dit-elle en montrant la quittance.

—Mais comment savez-vous que c'est moi qui vous l'ai porté, puisque vous dormiez ? demanda étourdiment la bonne femme.

—Mon cœur vous a vu, dit Théalda avec cette reconnaissance pleine de poésie que les filles de la belle Italie portent au fond du cœur.

La mère Richard vaincue par son émotion embrassa la pauvre enfant, puis elle lui raconta que ce n'était pas elle, la vieille Richard, qui l'avait obligée, comme elle voulait bien le croire, mais Mme Roger, une honnête et vertueuse veuve dont elle était la gouvernante.

—Mais comment cela se fait-il? Je ne connais pas cette dame, et elle ne me connaît pas non plus, dit Théalda en paraissant réfléchir. Serait-ce donc par charité qu'elle aurait agi de la sorte? ajouta-t-elle avec un regard plein de fierté ; alors, s'il en est ainsi, dites-lui, je vous prie, que j'accepte comme un service et non comme une aumône ce qu'elle a bien voulu faire pour moi ; et comme, Dieu aidant, je ne serai pas toujours aussi malheureuse, je lui rendrai l'argent qu'elle a bien voulu donner pour moi.— C'est bientôt Pâques et le soleil, j'irai chanter aux Champs-Elysées, il y a du beau monde et on payera mes chansons.

—Ta, ta, ta, comme vous vous envolez, petite sauvage! fit la bonne Richard toute surprise, et ne dirait-on pas qu'on vous a offensée parce qu'on vous a rendu service? Dame, ma maîtresse a une fille de votre âge, notre Louise, un ange, voyez-vous; elle a pensé à son enfant en vous entendant pleurer et elle vous a consolée ; y a-t-il donc de quoi s'effaroucher ainsi?

Théalda rougit du mauvais sentiment qui l'avait entraînée à l'orgueil, et après en avoir demandé pardon à la bonne Richard, elle la pria de vouloir bien obtenir pour elle de sa maîtresse l'honneur de la recevoir, afin qu'elle pût lui témoigner la reconnaissance profonde dont son cœur était rempli pour elle. Sur la promesse qu'elle lui en fit, la vieille gouvernante quitta la jeune fille, et celle-ci, le cœur léger, l'âme remplie d'espérance, rentra gaiement chez elle.

Nous l'avons déjà dit, Théalda avait quinze ans, et c'était une admirable créature qui, au milieu de sa misère même, resplendissait comme un de ces chefs-d'œuvre du Créateur à qui le cadre doré manque seul pour le placer au premier rang du monde.

Née d'un père vénitien et d'une mère sévillane, notre nouvelle amie offrait dans toute sa personne quelque chose de ces deux contrées, bien qu'elle parût plutôt fille d'Espagne que d'Italie. Enfant, elle avait trempé ses petits pieds dans les eaux du Guadalquivir et couru les cimes escarpées des Sierras. Adolescente, elle avait erré sur les plages d'Ischia, vu le Vésuve et respiré l'harmonie dans l'air mélodieux qui souffle au Pausilippe en agitant les lauriers du tombeau de Virgile.

Son père avant d'être gondolier, avait été soldat, tantôt au service de l'Espagne, tantôt à la solde du roi de Naples; puis enfin elle était venue habiter Venise après la mort de sa pauvre mère; hélas! c'était dans cette ville aux belles lagunes que le malheur avait su de nouveau atteindre son père, pour le conduire mourir misérablement à Paris; et maintenant, l'infortunée créature vivait seule, triste, fière et pauvre, gagnant à peine son pain en courant les boues de Paris sous un ciel terne et brumeux, pour faire entendre à tous ces barcarolles vénitiennes, si belles à Venise, quand la gondole glisse rapidement en cadence, si incomprises ici où il leur manque toute la poésie qui leur donne du prix : l'azur du ciel, le bruit des rames et l'écho qui les redit.

Malgré cette vie si bizarrement accidentée, Théalda était restée aussi pure que notre première mère, au moment où elle sortit des mains du Créateur et sourit à la nature qui se montrait si brillante autour d'elle !

Au moment où l'honnête Richard vint présenter à sa maîtresse la requête de leur nouvelle protégée, l'aimable, bon et indulgent abbé Chéruel, l'un des vicaires de l'église de Notre-Dame-de-Lorette, se trouvait en visite chez Mme Roger. On le mit promptement au courant de toute l'affaire, afin de lui demander son avis. Le sage ecclésiastique fit taire son cœur, pour n'écouter que la raison.

— Il faut, dit-il, que je voie cette jeune fille, que je connaisse ses antécédents et que je m'informe de sa conduite, avant de vous engager à admettre chez vous, auprès de votre enfant, une créature qui peut-être est indigne de vos bienfaits. Fiez-vous-en à moi ; je ne perdrai pas de temps pour commencer les démarches nécessaires, car je sais qu'il ne faut jamais faire attendre les malheureux ! »

Après ces bonnes paroles, l'abbé Chéruel quitta l'honnête famille, et Mme Roger, Louise et la vieille Richard convinrent d'éviter la pauvre fille, afin de ne pas lui donner une espérance trompeuse, précurseur peut-être d'un refus.

Toute la journée, Théalda, l'oreille au guet, attendit la nouvelle qu'elle désirait si vivement, c'est-à-dire l'autorisation d'aller faire une visite à sa bienfaisante voisine, pour la remercier de la généreuse bonté avec laquelle elle l'avait sauvée de la honte et du désespoir ; mais elle eut beau laisser la porte de sa chambre toute grande ouverte pour apercevoir la vieille gouvernante dans ses pérégrinations journalières, et lui parler quand elle passerait dans le corridor ; le jour entier s'écoula sans que celle-ci sortît de sa demeure, et ce fut seulement à la nuit close que la pauvre enfant, fatiguée d'avoir attendu vainement, se renferma chez elle pour prier Dieu de la seconder dans son reconnaissant projet.

Le lendemain, elle fut toute surprise, au moment où, la guitare attachée sur le dos, elle allait sortir pour chercher à gagner sa pauvre vie, de voir entrer chez elle un ecclésiastique dont la figure était empreinte d'indulgence et inspirait la sympathie et le respect. Elle s'inclina avec embarras devant l'homme de Dieu et, lui offrant l'unique chaise que possédait son pauvre réduit, elle lui dit en rougissant :

— « Béni soyez-vous, mon père ! Qu'exigez-vous de votre servante ? »

L'abbé Chéruel, car c'était lui, se prit doucement à sourire en entendant ces paroles, si complétement en dehors de nos expressions françaises ; mais il en prit le fond et y vit le respect pour un ministre des autels. Aussi fut-il promptement rassuré sur l'issue de la visite qu'il venait faire, et bientôt la naïve confession de la jeune fille lui apprit que lui aussi devait participer à la bonne œuvre de la pauvre veuve ; car Théalda était aussi ignorante du bien que du mal : c'était une âme pure, mais ne connaissant encore que par instinct la religion et la vertu.

Quand il eut achevé sa visite, le bon abbé prit la pauvre orpheline par la main, et la conduisant lui-même à Mme Roger :

— « Voilà notre enfant, Madame, dit-il en souriant ; vous lui apprendrez les choses de la terre et, moi, je lui enseignerai à connaître Dieu. Vous voyez que notre tâche n'est pas légère ! »

En voyant sa bienfaitrice, en se trouvant en présence d'une jeune fille si belle, si naïve et si pure, qu'elle crut que c'était un ange, la pauvre Théalda ne sut plus que dire. Elle tomba à genoux et, prenant les mains de la mère et de la fille entre les siennes, elle les couvrit de baisers et de larmes. Tout le monde était également attendri. Le bon abbé dissimulait son émotion sous un sourire; Mme Roger caressait doucement les beaux cheveux noirs de la jeune orpheline, en lui disant de nobles paroles d'encouragement et d'espérance. Louise embrassait sa nouvelle amie, et la bonne Richard, la figure cachée par son tablier, laissait couler ses pleurs tout à leur aise.

Ce fut l'abbé Chéruel qui, le premier, mit fin à cette scène attendrissante, et il fut convenu, entre lui et Mme Roger, que Théalda renoncerait à son métier de bohême, que Louise lui apprendrait à lire et à écrire, et que lui, l'abbé, obtiendrait de la générosité du curé de la paroisse, vertueux prélat toujours prêt à venir en aide aux malheureux, une petite pension suffisante pour faire vivre la malheureuse enfant jusqu'au jour où il serait possible de lui apprendre un état.

Voici donc Théalda faisant partie de la famille de la bonne Mme Roger.

Dès le lever du jour, la petite Italienne venait frapper à la porte de ses bienfaitrices, car elle sentait maintenant le vide de sa vie passée, et elle désirait vivement apprendre, pour entrer, elle aussi, la pauvre déshéritée, dans cet Éden des âmes d'élite, où Dieu se fait connaître avec toute la gloire de ses merveilles. Mais Louise, qui, le premier mouvement d'enthousiasme refroidi, était retombée dans sa torpeur habituelle, ne se trouvait jamais prête pour donner la leçon désirée.

Mme Roger eut un moment la pensée de faire des reproches à sa fille sur cette nonchalance qui pouvait faire croire à l'indifférence de son cœur; mais, après mûre réflexion, elle résolut d'avoir l'air de ne rien voir, se promettant, en mère prudente, de tirer parti des circonstances et des choses afin de préserver sa chère Louise de la lèpre hideuse qui menaçait de s'emparer d'elle. Seulement, afin de ne pas rendre leur jeune protégée victime du plan de conduite qu'elle s'était tracé, elle prit un prétexte pour se charger elle-même de l'instruction de l'intelligente Théalda.

Louise fut d'abord heureuse de se voir déchargée de ce qu'elle en était arrivée à regarder comme une lourde tâche; mais, peu à peu, en voyant sa mère et la jeune Italienne échanger ces soins, ces attentions minutieuses qui montrent le plus tendre attachement, elle sentit un peu de jalousie se glisser dans son cœur et, le lendemain du jour où elle se rendit compte de cette douleur nouvelle, elle se leva avec l'aube, et se présenta dans la chambre de sa mère au moment où Théalda y arrivait.

Les deux jeunes filles se regardèrent avec des impressions diverses : les grands yeux noirs de la jeune Italienne ne montraient que le bonheur de voir sa gentille compagne plus tôt qu'elle ne l'avait espéré ; mais les yeux bleus de Louise, si doux et si purs d'ordinaire, reflétaient les sentiments de son âme, c'est-à-dire un profond mécontentement contre les autres et contre elle-même.

Mme Roger devina la pensée de sa fille, mais sans avoir l'air de se douter de rien, elle prit tranquillement le livre dans lequel elle donnait la leçon journalière à sa petite écolière, et l'ouvrant devant elle :

—Allons, dit-elle, commençons vite mon enfant ; car, vous le savez, ni vous ni moi nous n'avons de temps à perdre.

—Mais pourquoi donc, maman, fit alors Louise en s'emparant résolûment du livre, me prends-tu ainsi ma place de professeur?

—Je ne te l'ai pas prise, ma fille, répondit l'honnête veuve en souriant, mais je l'ai acceptée à ton défaut ; te lever d'aussi bonne heure te gênait sans doute, puisque tu n'étais jamais prête, et comme la pauvre Théalda ne pouvait pas se passer d'apprendre à lire, j'ai pensé vous rendre service à toutes les deux en te remplaçant. Ai-je donc eu tort? Dis-le-moi avec franchise.

Pour toute réponse Louise se jeta dans les bras de sa mère et l'embrassa tendrement ; mais à dater de ce jour chaque matin elle fut levée en même temps que Mme Roger et ne chercha plus de prétexte pour s'exempter de la tâche qu'elle avait prise. Il y avait déjà beaucoup de gagné, mais ce n'était pas tout encore ; car si la paresse proprement dite était battue en brèche, la nonchalance restait toujours.

Chaque matin donc Théalda venait prendre sa leçon de lecture avec Louise. Puis, cela fait, pendant que son écolière cherchait à graver dans sa mémoire les conseils qui lui avaient été donnés, cette dernière, s'asseyait en face de sa mère et reprenait son travail quotidien, tout en rêvant, en regardant le ciel, et se levant à chaque instant pour aller chercher soit une chose soit une autre.

—Combien il est malheureux que ce que vous faites vous ennuie, Mademoiselle Louise, c'est si joli!... dit un jour Théalda en regardant tour à tour la jeune fille avec stupeur, et avec admiration le bouquet de roses que celle-ci composait.

Louise se sentit rougir, et pour cacher son embarras elle voulut prendre un air d'humeur.

—Mais qui vous dit que cela m'ennuie?... fit-elle en haussant les épaules.

—Personne ne me le dit, Mademoiselle, mais je le vois, répondit la naïve enfant; ainsi, quand on fait une chose qui plaît, on la fait avec attention, avec plaisir, tandis que vous composez votre charmant bouquet comme si c'était une tâche, une fatigue pour vous. Oh! si je savais peindre, moi aussi!... ajouta-t-elle les yeux brillants d'un véritable enthousiasme.

Mme Roger devina la nature artiste de l'enfant dans ce regard inspiré.

—Et pourquoi n'essayeriez-vous pas de nous imiter, Théalda, dit-elle avec bonté? Si vous le voulez, après que Louise vous aura fait lire, je vous donnerai une leçon de peinture.

—Que la Madone vous bénisse! s'écria l'Italienne en joignant les mains comme dans une prière. Puis, prenant une chaise, elle se plaça à côté de sa noble bienfaitrice.

La leçon involontaire que Théalda avait donnée à Louise ne fut pas perdue, car à dater de ce jour elle mit à son ouvrage une attention et un zèle qui enchantaient sa mère. L'émulation avait chassé la nonchalance, et comme heureusement l'envie ne pouvait pas étendre de profondes racines dans son cœur généreux, elle aidait sa mère dans les leçons qu'elle donnait à sa jeune amie. Aussi bientôt la gentille Italienne, si heureusement douée par le ciel, répondit par des progrès rapides aux bons soins de ses amies. Sa profession était alors trouvée, son sort fut assuré à jamais.

Elle devint donc la seconde fille de sa bienfaitrice, la sœur et l'amie de Louise, la protégée de la bonne Richard, et avec elle la joie et le bonheur entrèrent dans la vertueuse famille qui l'avait accueillie. Mme Richard vit avec une vive satisfaction toute trace de paresse disparaître dans les habitudes de Louise; celle-ci prit autant de goût et d'assiduité au travail que jusqu'ici elle y avait apporté de nonchalance et de dégoût. Enfin, le bien-être honnête résultant de leur travail vint ajouter au charme de leur existence humble et modeste, et quand la vieille gouvernante se réjouissait avec sa maîtresse de la connaissance qu'elle avait faite de Théalda, celle-ci lui disait en souriant :

—Tu as raison, Richard, d'aimer notre enfant, car c'est sa présence ici qui nous a apporté un véritable bien !

—*l'heureux effet du bon exemple !*

Ctesse DE BASSANVILLE.

LE THÉÂTRE EN PLEIN VENT.

A. Hadamard lith.   Imp. Godard, Paris.

Pulcinello, le grand redresseur de torts, fond sur le Collecteur...

LE THÉATRE EN PLEIN VENT

Histoire Napolitaine.

'EST vers le soir que Naples existe véritablement. Alors la ville favorisée du soleil, de la mer, cette ville heureuse, insouciante entre toutes, — car la vie y est si facile, la brise si caressante, le *far niente* si doux! —sort de sa sieste, s'agite, jette au Pausilippe, au Vésuve, à Portici, au lac d'Agnano ceux de ses habitants qu'entraîne l'amour d'une nature pittoresque, tandis que le reste se presse dans le long parcours de la rue de Tolède, ou sur les terrasses de la Villa-Reale, ou enfin s'abandonne dans de légers esquifs au balancement des flots endormis de la Méditerranée.

Voilà les cafés inondés de désœuvrés, les promenades

couvertes de gens qui regardent et sont regardés : abbés, militaires, poëtes, maestri, hommes de lois, marins, étrangers, artistes se croisent, se mêlent, échangent le feu des paroles et la fumée des cigarettes ; mollement étendus sur les marches des églises, sous le péristyle du palais, les lazzaroni, tantôt pêcheurs, tantôt *facchini* sur le port, savourent la volupté du repos complet.

Tout à coup, cependant, ces mêmes lazzaroni sortent de leur immobilité orientale, bondissent, secouent leurs larges culottes, rajustent leur bonnet de laine rouge, frappent joyeusement dans leurs mains et s'élancent vers l'entrée du quai de la Chiaja en s'écriant : « Allons voir Pulcinella ! »

En 1825, le fanatisme du peuple napolitain ne connaissait pas de bornes à l'endroit du signor Pulcinella. Il est vrai que jamais peut-être nul interprète n'avait su mieux que Francesco Severini donner son véritable langage, l'accent grotesque de ses passions violentes, de ses fureurs moqueuses, à cette figure enluminée, coiffée d'une perruque blanche, d'un tricorne, et pourvue d'une double bosse, qui représente si éloquemment les vices de la foule et son éternel esprit de révolte contre l'autorité.

Polichinelle et son bâton,—c'est-à-dire la force qui se moque de la loi ;

Polichinelle et ses bosses,—c'est-à-dire la laideur insultant à ce qu'il y a de beau et de pur ;

Polichinelle et ses chansons, — c'est-à-dire l'ironie en face du devoir, l'incrédulité devant la foi.

Francesco Severini, notre grand artiste, notre improvisateur plein de verve, a allumé les deux quinquets qui servent de rampe à son théâtre de toile et de bois. Il a ajusté son immuable décor,—une place publique avec des pans de maisons pour coulisses ; il tient dans sa main ses marionnettes agiles qui remueront bras et jambes et tourneront docilement la tête sous la pression du fil : le reste ne regarde plus que son génie et l'heureuse inspiration de la soirée.

Attention !... le rideau s'est levé. Le drame va commencer.

Oui, le drame. Et quel drame que celui-là !... La vie entière, représentée dans ses éléments de lutte, de misère, de combat entre l'or et l'adresse, entre le propriétaire exigeant et le débiteur insolvable, qui cependant rit toujours, et des tours qu'il joue à ses voisins, et des vols qu'il fait à ses amis, et des coups qu'il donne au podesta, et des pleurs de sa femme, et enfin des menaces du diable.

A ce dernier mot vous frémissez. A l'apparition du messager de l'enfer, nos bons Napolitains se pressent émus et silencieux. Seul, Pulcinella ne craint rien : il commence par adresser au sire encorné un discours mielleux ; il veut l'associer à son genre de vie et trouver un utile complice dans celui qui doit l'emporter aux enfers. Peu s'en faut qu'il ne lui prouve que lui, Pulcinella, est, au demeurant, le plus honnête homme du monde, et qu'il n'a fait que pratiquer la vertu en vengeant le pauvre du riche. La grande lutte s'engage. Quelles volées de bastonnade ! Comme le gourdin voltige et tombe rapidement tantôt sur la tête, tantôt sur les épaules du diable ; et comme il passe des mains de Pulcinella en celles de Belzébuth !..... Les lazzaroni ne respirent plus..... Le cou tendu, l'œil dilaté, ils ne se sentent plus vivre..... Tout leur être est attaché à ce duel suprême, à ce duel désespéré..... Soudain Pulcinella épuisé abandonne son bâton, jette un dernier blasphème, un dernier éclat de rire, et se laisse saisir et emporter dans le gouffre par son ennemi vainqueur!

Tel était le spectacle que Francesco Severini donnait chaque soir à la foule ébahie, sans que jamais son auditoire fût moins nombreux ni moins attentif.

Un jour vint cependant où le calme habituel, l'insouciance invétérée de la population napolitaine furent troublés comme l'onde par un orage imprévu. Le gouvernement s'était vu forcé d'établir divers impôts assez lourds. Cette mesure fut en quelque sorte l'étincelle qui met le feu à une mine de poudre. La ville entière s'enflamma. Ces Napolitains, si insouciants d'ordinaire, ces lazzaroni désœuvrés et mous, étaient devenus des espèces de lions menaçants. Leurs attroupements sinistres occupaient dans toute sa largeur la rue de Tolède; plus de chansons, plus de promenade, plus de sieste; on s'abordait le feu dans les yeux, on s'encourageait à la résistance, et déjà chacun se mettait en quête d'une arme pour figurer dignement au grand soleil de l'émeute.

Ce fut alors qu'un inconnu se présenta chez le premier ministre, le duc de Giordanelli, et demanda instamment à être introduit auprès de Son Excellence.

Le duc n'était pas en humeur de causer. Il refusa d'admettre ce visiteur. Celui-ci insista.

—Veuillez annoncer, dit-il à l'huissier, qu'il s'agit d'une importante révélation, d'un moyen de comprimer l'émeute.

A cette nouvelle, le duc ne put s'empêcher de sourire.

—Ah! ah! dit-il, quelque charlatan, sans doute? Il est des empiriques aussi bien en politique qu'en médecine.

Mais enfin je ne voudrais pas avoir à me reprocher d'être resté sourd à un bon avis.

Il donna ordre que l'inconnu fût introduit.

—Qui êtes-vous, Monsieur? Comment vous nommez-vous?

—Qui je suis, Monseigneur?..... Oh! fort peu de chose, et mon nom ne vous en apprendrait pas davantage. On m'appelle Francesco Severini.

—Il me semble que ce nom est arrivé jusqu'à moi.....

—Ce ne serait pas, après tout, extraordinaire, Monseigneur, vu la popularité dont il jouit.

Le ministre recula d'un pas. Quel pouvait être un personnage qui parlait avec tant d'assurance de sa popularité?

—Pour ne point abuser du temps de Votre Excellence, reprit le visiteur, je vais au fait. C'est moi qui chaque soir donne en plein vent le spectacle de *Pulcinella*.

—Se peut-il! s'écria le ministre choqué; osez-vous bien, quand l'Etat se trouve engagé dans la crise la plus grave...

—Permettez, Monseigneur: loin de moi la pensée de vouloir occuper Votre Excellence de sujets frivoles. C'est précisément cette crise à laquelle j'ai trouvé un remède.

—Vous!... burlesque marionnette!... vous!... C'est trop fort!... Et si je ne contenais mon indignation...

—Un éclat serait injuste, répartit Francesco avec un calme et une modération qui imposèrent au ministre irrité. Votre Excellence a déjà fait ranger sur la place la garde suisse.

—Sans doute, et avant une heure peut-être le feu commencera.

—Au nom du ciel! qu'il n'en soit rien fait... ou, du moins, que les mesures de rigueur ne soient prises que cette nuit. Je m'engage, moi, à calmer le peuple ce soir même, à transformer en mouton ce dogue irrité.

—Quel est votre moyen? vous n'êtes pas sorcier, je pense?

—Non, Monseigneur; mais je suis *il signor Pulcinella*, c'est-à-dire la voix qui va à la fibre de la multitude et sait parler son langage, la voix qui remue ou apaise les passions, la voix qui fait vibrer les sentiments les plus intimes comme les plus réels dans tous ces cœurs à la fois violents et naïfs. Suspendez donc tout ordre de rigueur; au besoin, faites rentrer la troupe, puis laissez-moi agir; demain le peuple sera revenu au devoir.

—Fort bien, dit le duc ébranlé. Mais, reprit-il avec une certaine méfiance qui me répond de vous, de votre sincérité?

—Ceci est la chose la plus simple du monde. Que des agents de votre police se mêlent aux spectateurs et s'approchent de mon théâtre en plein vent; Votre Excellence apprendra par eux si j'ai été sincère.

—Francesco, vous me paraissez un homme intelligent. Votre projet me plaît. Allez, occupez-vous de nous : on pourra bien ensuite s'occuper de vous.

II

Le soir étant venu, la foule commença, selon son usage, à inonder les quais, les rues et les places. Mais qu'il y avait loin de sa physionomie à celle des temps habituels! et qui se serait cru dans Naples, la ville de délices, la ville qu'il faut avoir vue si l'on veut avoir vécu!...

Jamais peut-être l'agitation n'avait été plus forte, car il n'était bruit parmi les groupes que des dispositions militaires prises dans la journée.

Voici qu'une voix stridente se fait entendre... Voici que le théâtre de Pulcinella s'illumine de ses deux quinquets. L'appel du fantoccino est réitéré, sifflement sur sifflement. Le petit rideau se lève... Pulcinella paraît, salue, pousse un éclat de rire, et se met à gambader.

La foule s'étonne, elle a peine à en croire le témoignage de ses yeux et de ses oreilles. Miséricorde! est-il bien possible? Ce soir comme d'ordinaire notre petit homme de bois va s'évertuer!... Mais c'est de la folie. Le petit homme ne sait donc pas ce qui se passe?... Et nous, qui sommes peut-être au moment de nous faire tuer, irions-nous comme des imbéciles, nous attrouper autour de cette toile et de ces bâtons?...

On hésite, mais on avance néanmoins. Ce que c'est que la force de l'habitude et l'attrait du plaisir!

Personne n'y voulait aller, et maintenant tout le monde y est.

— Ah! le beau public! s'écrie Pulcinella. A la bonne heure! voilà mes chers petits enfants, mes amis les lazzaroni, les facchini, les pêcheurs et bien d'autres!... Grande réunion! spectacle extraordinaire où nous n'aurons pas cette fois le bruit des carrosses pour nous troubler. C'est égal, vous ne payerez pas un carlin de plus. Attention! ça va commencer. Il y a en bas un signor Pippo qui demande à paraître.

— Parais, Pippo! crie la foule. Ohé, Pippo!...

Pippo se montre. Il est vêtu en lazzarone.

On applaudit en riant, tant ce lazzarone est naturel, tant il bâille bien, se secoue avec précision, puis se met gentiment à danser la tarentelle pour achever de se dégourdir.

—Bravo, Pippo ! bravo !...

Les premières dispositions étaient bonnes. Il ne s'agissait plus que de continuer pour exercer sur les spectateurs une action puissante et décisive. Mais aussi il était bien nécessaire de cacher le but, de déguiser la moralité tout en la rendant sensible.

La gaieté de Pippo ne sera point de longue durée. Un personnage hideux, coiffé d'un tricorne sale, vêtu d'une houppelande galonnée, se présente et harponne Pippo.— « Paye-moi l'impôt, la dîme, la taille, la gabelle ! Paye, paye encore, paye toujours ! » Pippo donne son bonnet, ses souliers. Que lui restera-t-il à donner ? il se désespère donc lorsque Pulcinella, le grand redresseur des torts, arrive, fond sur le collecteur, le bâtonne, lui arrache la défroque de Pippo et le met en fuite. Pippo enchanté se rhabille et va trinquer avec son libérateur. Entrent deux gendarmes chargés de l'arrestation de nos insoumis. Pulcinella les harangue et les détermine à prendre part aux libations. Ainsi cette fois, ce n'est plus pour le seul plaisir du tapage que Pulcinella se met en lutte contre l'autorité : c'est pour assister les faibles et les pauvres. Quand il a bien fêté et régalé Pippo—à crédit, cela va sans dire,—il le renvoie avec un petit sermon sur la patience...

—Bravo ! bravissimo !... cria la foule enthousiasmée.

Aussitôt on eût pu voir nos lazzaroni sauter, gambader, s'embrasser, jeter au loin leurs armes, reprendre leur air accoutumé d'insouciance et de gaieté, sans plus se mettre en peine des impôts que s'il n'en eût jamais existé.

Le triomphe de Pulcinella était complet ; et nous ne craignons pas d'affirmer que Ménénius Agrippa n'eut pas plus de succès avec son apologue des *Membres et l'estomac*.

III

Un mois après la scène que nous venons d'exposer, il y avait dans un somptueux palazzo, non loin de la Villa-Reale, un homme à l'extérieur grave et distingué ; cet homme, un Sicilien, disait-on, s'était installé en ce lieu avec un certain air officiel. On l'appelait le comte de Pombrico. Presque toujours renfermé chez lui et livré à des travaux de cabinet, il ne sortait guère que pour se rendre chez S. E. le duc de Giordanelli, dont il paraissait posséder pleinement la confiance. Ce M. de Pombrico était un mystère vivant. Ses voisins cherchaient vainement à l'étudier, comme ses gens à l'espionner ; on ne pouvait tirer de lui un mot qui révélât son passé : il échappait aux conjectures, défiait la médisance et forçait l'envie à battre en retraite. Sa demeure restait fermée aux fêtes, au mouvement, à la joie.

Un jour cependant, cette maison, jusque-là sombre et silencieuse, s'illumina soudain et s'emplit comme d'une vive et charmante harmonie. Ce jour-là M. de Pombrico rentrait en carrosse avec une jeune fille, ravissante sous le costume d'une pensionnaire du couvent des Ursulines de Caserte.

— « Ma fille ! mon Agnèse ! répétait-il avec une sorte d'ivresse, ne se lassant point de contempler cette belle enfant de dix-huit ans qui, avec ses cheveux noirs, ses yeux pleins de lumière, l'ovale pur et allongé de ses traits, avec la sveltesse de sa taille et la délicatesse exquise de ses mains, ressemblait aux modèles les plus suaves des madones du xve siècle, — mon Agnèse ! que de temps écoulé dans l'absence ! Comment ai-je pu rester tant d'années privé de ton aimable présence ? Moi qui autrefois ne pouvais m'éloigner de ton berceau !... Ah ! qu'il y a dans la vie de cruelles nécessités !...

—Je vous crois, mon bon père, disait la gentille Agnèse; moi aussi, j'étais bien triste de ne pas vous voir, et si je travaillais avec courage, si je priais avec ardeur, c'était dans l'espérance d'être enfin réunie à vous.

—Te voilà, tout est bien.

—Vous voilà, je suis contente ; Dieu m'a exaucée.

—O mon Agnèse ! il n'en eût pas été ainsi, jamais tu n'eusses franchi un seuil étranger, si le sort ne m'eût cruellement frappé dans le seul être qui m'ait aimé, dans ta pauvre mère, ma Teresina... J'étais soutenu, consolé par elle. Aux moments rudes, j'avais son sourire ; dans la pauvreté, sa parole consolante...

—La pauvreté, mon père !... répéta la jeune fille non sans quelque étonnement.

—Oui. Pourquoi cette surprise ?

—Parce que, grâce à vous, rien n'a manqué à mon éducation, et parce que mon regard, lorsque j'entre ici, n'y rencontre que le luxe.

—Des dehors ! des apparences !... dit le père en soupirant. Mais aussitôt il reprit avec fermeté, du ton d'un homme qui chasse d'importuns souvenirs : Tu as raison, chère enfant, la pauvreté n'est pas à craindre pour toi, et si j'ai eu à supporter des épreuves, j'espère qu'elles sont terminées. Te voilà grande et belle, ma foi ! nous verrons ce qu'il y aura à faire. Mais, tu m'aimes bien, n'est-ce pas? et il te serait agréable de rester avec ton père?

—Oh ! pouvez-vous me le demander? Est-ce que j'ai jamais rêvé autre chose?... Fiez-vous à moi, je serai votre petite ménagère, j'aurai soin de votre maison : vous verrez ! »

Et, en effet, Agnèse entra immédiatement en fonctions. Elle allait, venait, donnait des ordres, faisait un inventaire général, avec une vivacité juvénile qui amusait M. de Pombrico. Lorsqu'elle fut lasse de son nouveau rôle, elle essaya son piano, qu'elle trouva excellent; puis, après avoir brillamment joué une ouverture de Rossini, elle alla se mettre au balcon, où elle se pencha gracieusement.

Sous la fenêtre était arrêtée une jolie calèche à l'attelage élégant. Dans la calèche un jeune gentilhomme à demi couché tenait les yeux attachés sur le palazzo. Il aperçut Agnèse et tressaillit en s'écriant : « Voilà sans doute cette divine musicienne !... »

Agnèse, avec l'instinct féminin, remarqua et comprit ce mouvement. Elle rougit et naïvement se cacha le visage sous ses mains, en rentrant à la hâte dans le salon. La calèche s'éloigna aussitôt.

Le lendemain même, le jeune marquis Scipione d'Ubalcio demandait à être admis auprès de M. de Pombrico, et ce dernier, que sa fille avait pris pour confident de son émotion, n'hésitait pas à reconnaître dans le marquis le mélomane de la veille. Il fut froid et réservé, tandis que le jeune homme, qui avait besoin de colorer sa visite, cherchait dans sa vivacité et son langage chaleureux les moyens de se faire pardonner ce qui pouvait paraître une indiscrétion.

— Je suis étranger à Naples, dit-il, mais je viens m'y fixer. Mon pays est la Sicile : c'est le vôtre, Monsieur, n'est-il pas vrai ?

— En effet, répondit avec une sorte d'hésitation M. de Pombrico. Mais cela ne m'explique pas l'honneur que vous me faites...

— Eh quoi ! Monsieur, s'écria Scipione, pouvez-vous donc vous étonner qu'un galant homme recherche la compagnie d'un de ses concitoyens qu'on lui a peint sous les traits les plus honorables?... A Naples, nous autres Siciliens, nous sommes isolés, vus avec méfiance ; aussi ne saurions-nous trop nous serrer. Pour ma part, je serais ravi de lier avec vous un commerce d'amitié.

Cette proposition fut accompagnée de nombreuses démonstrations ; malheureusement, plus le jeune homme y mettait de chaleur, plus son interlocuteur lui opposait de froide réserve. C'était un flambeau promené sur un mur de glace. M. de Pombrico était resté seul vis-à-vis du visiteur, et plus d'une fois celui-ci avait tourné légèrement la tête, espérant que la ravissante Agnèse finirait par apparaître. Mais le marquis en fut pour ses frais d'attente.

Constatons, — à sa gloire, — qu'il ne se rebuta point. Deux, trois visites furent aussi infructueuses. A la quatrième, la divinité invisible se montra.

C'est qu'Agnèse avait paru rêveuse ; c'est qu'une larme furtive avait humecté sa paupière...

M. de Pombrico se dit qu'il ne pouvait avoir retiré sa fille de la règle étroite du couvent pour la plonger dans une solitude, pour la séquestrer au sein même d'une grande ville.

La présentation eut lieu, et tout d'abord Scipione demanda — comme une immense faveur — d'entendre certaine ouverture de Rossini.

—« Ah ! c'était vous, Monsieur, qui m'écoutiez !... s'écria ingénûment Agnèse.

—Vous l'aviez remarqué, Mademoiselle?... dit Scipione.

Ils se mirent tous deux à rire. Le père les contemplait gravement : son regard allait de l'un à l'autre ; ce regard exercé semblait consulter l'avenir.

L'ouverture fut jouée. Le marquis était aux anges.

Bientôt la connaissance devint de l'habitude, l'habitude conduisit à l'amitié.

Cela durait depuis un mois, quand on vint prévenir un soir M. de Pombrico que S. E. le duc de Giordanelli l'attendait à l'instant même.

—Que peut me vouloir le duc?... murmura-t-il tout ému.

Aussitôt il fit atteler et se rendit en toute hâte au palais du ministre.

Celui-ci se promenait de long en large dans son cabinet.

On annonça M. de Pombrico. Le duc l'invita poliment à s'asseoir, et lui dit à demi-voix, dès qu'ils furent seuls :

— Mon cher Severini, je vous remercie de votre empressement.

— Votre Excellence connaît mon zèle...

— Je l'apprécie. Vous avez vu que j'ai cherché à vous récompenser dignement et à vous mettre en bonne posture dans la société ?

— Aussi ma reconnaissance sera-t-elle éternelle.

— Allons au fait. Je suis très-inquiet.

— Mon Dieu ! qu'y a-t-il donc, Excellence ?

— Ce qu'il y a, Severini ! Ce qu'il y a !... La menace et presque la certitude d'une prochaine éruption du volcan populaire.

— A quel sujet ?

— Au sujet de *Pulcinella*.

M. de Pombrico, — ou plutôt Francesco Severini, — devint pâle comme la mort.

— Ne vous troublez pas, mon cher, mais écoutez-moi attentivement. Ce n'est pas vous qui avez besoin d'apprendre à connaître le peuple de Naples : grand enfant, il tient par-dessus tout à la partie frivole de la vie ; pour lui, le plaisir est l'élément essentiel, le plaisir en plein air, et principalement ce spectacle grotesque et passablement satirique par lequel vous avez tant de fois tenu en éveil sa curiosité et satisfait son esprit frondeur. Après le soleil, *Pulcinella* est la base de son existence. Or, quand les honneurs sont venus à Pulcinella,—juste récompense, à coup sûr, — Pulcinella a donné sa démission et laissé à des confrères le soin d'amuser le peuple. Cela a pu durer quelques semaines, mais notre peuple napolitain était trop fin pour s'y laisser tromper. Bientôt il a reconnu que la monnaie qu'on lui offrait n'était que de grossier billon ; il a murmuré, sifflé, hué, et enfin il s'est fâché à ce point qu'il a mis en pièces hier le théâtre de *Scaramuccia* et celui de *Pancraccio*. De toute nécessité, il faut que nous lui rendions Pulcinella. J'ose attendre de vous ce nouveau service.

—De moi, Excellence !..... balbutia Francesco.

—Sans doute. Me serais-je abusé en comptant sur votre zèle ?

Le ministre avait articulé nettement ces paroles ; et il ajouta :

—Je conçois qu'il vous serait pénible de descendre du faîte de la position où je vous ai placé. Dieu me garde de vous rien reprendre, moi qui vous considère comme un homme intelligent et très-utile en administration ! Mais écoutez ; vous pouvez parfaitement vous doubler, être le jour pour nous M. de Pombrico, avec la perruque et la moustache que vous avez adoptées pour dissimuler vos traits et défier les souvenirs, et le soir redevenir Francesco Severini pour la joie du peuple et la tranquillité de l'État.

Francesco sentit que toute objection ne servirait qu'à irriter le ministre.

—Monseigneur, dit-il en s'inclinant, votre volonté sera accomplie.

—Vous m'enchantez !

—Mais plaise à Dieu que le secret de ma double existence ne soit connu de personne ! de ma fille surtout !.....

—Votre prudence vous couvrira. Où est votre ancien attirail ?

—Dans l'humble logis que j'occupais, à l'autre bout de la ville.

—Rien de mieux : le soir, vous partirez de là incognito, un valet spécial dressera le théâtre, et vous n'aurez qu'à vous y glisser. Ce n'est pas bien difficile.

—Encore une fois, Excellence, je vais me mettre en devoir de répondre pleinement à vos désirs.

—Vous êtes un homme précieux, Francesco. Soyez tranquille, un jour viendra, j'espère, où je pourrai vous dispenser de la fatigante besogne que je vous impose.

En quittant le ministre, Francesco retourna chez lui pour expliquer à sa fille l'appel inattendu du duc de Giordanelli. Puis, quand l'heure fut avancée, il se couvrit d'un manteau léger, prit un chapeau aux bords larges et rabattus et s'achemina rapidement vers son ancienne demeure.

Lorsqu'il entra dans ce réduit misérable, le cœur lui battait. Ah! quel changement avaient produit en lui six semaines d'intervalle et un sort meilleur! Il en était à comprendre maintenant qu'il eût pu vivre en ce lieu. Çà et là gisaient éparses les marionnettes couvertes de poussière et disloquées; il les releva l'une après l'autre en soupirant, les secoua, rajusta leur costume, répara leurs fils, leur rendit le mouvement,—presque la vie,—et en même temps la parole, s'essayant à improviser comme autrefois, à trouver des pointes, des *concetti*. Sombre au sein de cette gaieté forcée, une larme aux yeux en face de ces figures grotesques, il se fût senti moins disposé à mettre en ordre qu'à briser les petits hommes de bois. Mais non! il fallait dès le lendemain retrouver une verve éteinte, il fallait reconstruire son tréteau, il fallait rire par la bouche du Polichinelle, il fallait fustiger les ridicules avec le bâton d'autrefois!..... Ainsi le voulait un ministre. Et ce même ministre, après avoir élevé aux honneurs Francesco Severini, le ramenait violemment vers la couche inférieure où il l'avait recueilli !..... Oh ! douleur et rage ! plaisanter, rire, amuser la foule avec le désespoir dans le cœur !

IV

Quinze soirées se suivirent au milieu de l'enivrement du bon peuple de Naples. On ne s'abordait plus, entre lazzaroni, qu'en se disant : — « Vas-tu voir Pulcinella ? » Et la réponse invariable était : — « Oh ! je n'y manquerai pas ! » Et à l'heure où se couchait le soleil, les groupes joyeux, bras dessus bras dessous, s'acheminaient vers le lieu du plaisir, chantant à haute voix comme par le passé : « Allons voir Pulcinella ! »

Jamais Pulcinella n'avait eu plus de verve, plus de brio, mais aussi jamais il n'avait décoché plus de traits malins. Personne n'était épargné, pas plus les présents que les absents, pas plus le peuple que les grands seigneurs ; — le feu était tiré sur toute la ligne. Gare aux bombes ! Pulcinella était sans merci, et le diable lui-même n'avait qu'à bien se tenir.

Cependant Agnèse était tombée dans une profonde inquiétude. Quelle cause pouvait forcer M. de Pombrico à sortir seul, à pied, chaque soir ? Où allait-il ? Pouvait-on présumer qu'il se rendît chez le ministre, ainsi qu'il le disait ? Quelle apparence que Son Excellence travaillât invariablement à cette heure ? Et si M. de Pombrico n'avait pris qu'un prétexte, sa fille n'avait-elle pas lieu de craindre que ces absences nocturnes et réitérées ne fussent accompagnées d'un péril?

Elle ouvrit son cœur à Scipione qui, admis à titre intime chez M. de Pombrico, avait su par sa loyauté inspirer au père d'Agnèse assez de confiance pour qu'il le laissât seul le soir avec sa fille, sans autre témoin que la duègne Dorotea.

—Rassurez-vous, douce Agnèse, dit fermement le marquis ; je sonderai ce mystère, et il ne se passera pas deux jours avant que je l'aie éclairci.

Deux jours se passèrent. Le troisième, ce ne fut point Scipione qui vint, mais une lettre qu'il avait écrite à M. de Pombrico. Il lui annonçait que des affaires importantes le rappelaient en toute hâte à Messine ; qu'il ne pensait pas devoir revenir jamais à Naples. En conséquence, il le priait d'agréer ses adieux, ses regrets, et de dire à la bonne et charmante Agnèse qu'il n'oublierait pas ses touchantes vertus, sa grâce exquise et sa candeur.

Cette lettre fut pour Agnèse un coup de foudre. La pauvre enfant comprit alors seulement qu'elle aimait,— et à quel point elle aimait !

—Il est parti, parti pour toujours !..... Il ne reviendra plus !..... Oh ! l'ingrat !..... Nous qui lui avions témoigné tant d'amitié !.....

Et la pauvre enfant inondait de larmes le sein de son père.

Tout-à-coup une pensée désolante, un éclair sinistre traverse son esprit.

—Il m'avait promis de chercher à découvrir le secret de mon père. L'aurait-il découvert, en effet, et ce secret serait-il déshonorant ?.....

Ce qui n'était d'abord chez Agnèse qu'une lueur vague, devint bientôt une conviction.

Ainsi, au malheur se joignait la honte.

Et ce qu'il y avait de plus cruel, c'est que, partagée entre son amour pour Scipione et la tendresse filiale, Agnèse ne pouvait blesser son père par une question indiscrète; c'est qu'elle était forcée de contenir en elle-même les idées dévorantes qui la torturaient sans relâche.

Elle y perdit sa santé. Dans la lutte entre la passion et le devoir sacré, la jeune fille se résigna au silence qui tue. Jamais elle ne prononçait le nom du marquis; jamais elle n'interrogeait son père sur sa vie mystérieuse du soir. Mais, en revanche, dans la règle étroite qu'elle s'imposait, elle sentait ses forces décroître, sa beauté s'altérer et les roses de ses joues disparaître.

Il eût fallu à Francesco bien peu de clairvoyance pour ne pas s'apercevoir de ce dépérissement. Sombre en face d'un malheur qu'il ne pouvait conjurer, il souffrait horriblement, lui qui voyait son enfant,—son trésor suprême, —déjà frappée par le sort, lui qui était obligé de s'arracher d'auprès de son Agnèse pour aller, l'âme rongée de soucis, jeter à la populace les accents d'une gaieté désordonnée!

—Pour l'amour du ciel, qu'as-tu donc, mon Agnèse?
—O mon bon père, ne vous mettez pas en peine.
—De grâce, révèle-moi ton secret.
—Je n'en ai pas.
—C'est impossible; tu me caches quelque chose.
—Si j'en avais le droit, mon père, je vous demanderais si vous ne me cachez rien.

Francesco resta grave et muet. Il pencha la tête et prit les mains de sa fille ; elles étaient brûlantes.

—Grand Dieu ! elle a la fièvre ! s'écria-t-il.

Et appelant :

—Paolo, Beppo, Nerina, courez tous. Vite, un médecin !

—C'est inutile, mon père. Je me sens bien.

En disant cela, Agnèse avait pâli et s'était affaissée sur elle-même. Son père la plaça sur un divan, lui fit respirer des sels, l'appela à haute voix, la supplia de lui répondre. Inutiles efforts. Après avoir si longtemps travaillé à cacher son état moral, la jeune fille succombait sous la durée et la fatigue de la lutte.

—Mon enfant !..... mon Agnèse !..... reviens à toi !..... réponds !..... Un mot, un seul !..... Tu n'es pas morte, n'est-ce pas !..... Pitié de nous, mon Dieu !.....

Le médecin, les serviteurs s'étaient empressés autour d'Agnèse. Mais le temps s'écoulait sans provoquer une crise salutaire.

Déjà il était très-tard.

On annonça un secrétaire du ministre.

—Son Excellence, dit l'envoyé à Francesco, vous invite, Monsieur, à ne pas oublier ce qui est convenu entre elle et vous.

—Oui... oui... murmura Francesco...

Il fit quelques pas, au hasard.

—Mon père !... dit Agnèse, soulevant sa tête pâle, ne m'abandonnez pas... encore !

Francesco revint vers elle. Il était fou de douleur.

Le secrétaire le prit par le bras en disant à demi voix :

—Songez que Monseigneur a bien recommandé...

De nouveau Agnèse fit un mouvement.

Le malheureux Francesco vint alors tomber à genoux auprès du divan, les mains jointes, en s'écriant :

—Mon Dieu ! périsse ma fortune, mais conserve-moi mon enfant !

Sans oser insister davantage, l'envoyé du duc sortit ; mais à la porte même du salon il se croisa avec un jeune gentilhomme qui entrait précipitamment.

C'était Scipione.

—Agnèse ! Agnèse ! dit celui-ci, d'une voix déchirante. Agnèse ! est-il vrai, vous seriez malade, ô bon ange !...

La jeune fille entr'ouvrit les yeux, laissa s'échapper de ses lèvres décolorées un cri de joie et tendit au marquis une main qu'il couvrit de larmes :

—C'est fini, reprit-il, j'avais essayé de lutter contre mon cœur..... j'ai été vaincu..... Me voici, me voici pour toujours. Il faut que votre père devienne mon père ; car je ne puis exister que si vous devenez ma femme !...

C'était trop de bonheur : Agnèse eut autant de peine à le supporter qu'elle en avait eu à supporter la tristesse et le deuil de la séparation.

Cependant Francesco, redevenu ferme par le sentiment d'un devoir à accomplir, avait renvoyé ses gens, puis s'adressant avec fermeté au marquis :

—Monsieur, dit-il, je ne vous tromperai pas, dût mon aveu me coûter ma fille. J'ai été autre chose que ce que je parais être. Autrefois je........

Scipione l'interrompit vivement, et avec une délicatesse exquise :

—N'achevez pas, Monsieur, ou plutôt laissez-moi achever.....

Du regard il lui indiqua Agnèse qui écoutait avec anxiété, et il ajouta, d'un ton simple et affectueux :

— Je sais tout..... Vous avez été pauvre, — ce qui certes n'est pas un crime..... — Vous avez dû demander à votre intelligence des moyens d'existence...... Avant de devenir l'objet des faveurs du premier ministre et de vous appeler M. de Pombrico, vous vous êtes appelé Francesco Severini......

— Oui, vous savez tout, murmura ce dernier..... et alors vous savez sans doute aussi que je suis lié par un engagement envers le ministre....

— Cela m'est connu encore. Mais écoutez, mon père.....

— Moi, votre père !

— Mon père, écoutez-moi. Un départ rompt les engagements, et l'on peut vivre heureux à Messine autant qu'à Naples, n'est-il pas vrai ?

— Je n'ose plus rien dire. Vous nous comblez.

— Ce sera donc Agnèse qui répondra. Mademoiselle voulez-vous adopter mon plan ? Demain matin, nous recevrons la bénédiction nuptiale ; le soir, nous nous embarquerons.

Un sourire angélique fut la réponse de la jeune fille.

V

Le lendemain, un bâtiment à vapeur emportait vers les rives de la poétique Sicile Francesco, Agnèse et Scipione.

Ce soir-là, — comme les soirs suivants, — *Pulcinella* fit relâche.

ALFRED DES ESSARTS.

TRÉGNAN LE MOUSSE.

A. Hadamard lith.   Imp. Godard, Paris.

Grâce, s'écria-t-il, je vous en supplie, grâce!

TREGNAN LE MOUSSE

REGNAN, dit la Torpille, Breton de caractère autant que d'origine, était né à Tréguier, au bord de la mer. Orphelin dès sa plus tendre enfance, il se trouva sans appui et abandonné à ses propres forces. Mais son courage et son amour du travail lui créèrent de précieuses ressources. Grâce à l'étude persévérante qu'il fit de la vie maritime et aux connaissances qu'il acquit à l'École des mousses, dont il suivit assidûment les cours, il put s'engager à onze ans sur un cabotier (navire marchand qui navigue le long des côtes), et la manœuvre lui devint bientôt familière. A l'époque où se passa ce que nous allons raconter, il servait à bord de l'*Héloïse*, trois-mâts qui faisait le transport des vins et stationnait alors en rade de Brest, attendant un chargement nouveau pour retourner à Bordeaux. Un congé avait été accordé à tout l'équipage, et Tregnan restait seul sur le bâtiment avec un matelot et le contre-maître Rosso. Ce dernier, que par dérision on avait surnommé la Colombe à cause de sa brutalité, était un homme grondeur et violent qui se fâchait à tout propos, ne parlait que de donner des coups de corde et réalisait le plus souvent ses menaces, enfin le caractère de Breton bretonnant le plus hargneux et le plus revêche. Le pauvre mousse était assez malheureux de n'avoir plus à répondre qu'à lui depuis que l'équipage était à terre.

Un soir, comme il disposait selon la coutume le hamac de la Colombe, celui-ci l'aborda brusquement, et lui dit d'un ton rude :

—La Torpille, approche, et place-toi devant moi.

—M'y voici, maître.

—C'est bien : j'ai à te dire, drôle que tu es, qu'on ne peut pas être plus mécontent d'un méchant mousse que je ne le suis de toi. Ce n'est pas la première fois que tu me mets dans la nécessité de te punir...

—Oh ! parce que je dors dur, et que je n'entends pas toujours votre sifflet...

—N'est-ce donc rien que cela ?

—Vous m'en avez assez puni en m'administrant à moi seul plus de coups de cordes qu'à tous les autres ensemble, et en m'affublant de cet affreux nom de la Torpille dont tout le monde m'appelle à cette heure. Il ne manque plus vraiment que de me pendre à la grande vergue[1].

—Tu ne l'aurais peut-être pas déjà tant volé, car il est question maintenant de bien autre chose que d'avoir fait la sourde oreille. Voyons, réponds, où as-tu passé la dernière nuit ?

—Belle demande ! Parbleu, dans l'entre-pont[2] : vous savez bien que c'est là que je veille toutes les nuits.

—Que tu veilles, ou que tu dors...

—Dame ! j'y dors quelquefois, c'est vrai.

—Ah ! voilà l'excellent surveillant ; et pendant que tu dors, sais-tu ce qui se passe ?

—Ma foi, il passe, je crois, bien de l'eau sous la quille du bâtiment[3].

—Insolent ! oses-tu plaisanter avec moi ?

—Allons, c'est pour rire, monsieur Rosso. Dites-moi ce qui se passe ?

—On vole nos vivres.

—Ce n'est pas possible !

—Et pourquoi n'est-ce pas possible, si tu ne fais pas le guet, comme c'est ton devoir de le faire ?

—Allons, maître, il n'est si bon marinier qui ne périsse, ni si bon guetteur qui ne soit une fois en défaut. Mais pour le vol, en vérité, je n'y peux croire.

—Ah ! tu n'y crois pas ! treize livres de biscuit, dix de viande salée, six rations d'eau-de-vie ! voilà ce qui a dis-

---

[1] Grande pièce de bois qui, mise en travers d'un mât, soutient les voiles.

[2] Entre-pont. Étage compris entre les deux ponts d'un vaisseau.

[3] Quille. Longue pièce de bois qui va de la poupe à la proue et sert comme de fondement au bâtiment.

paru de la cambuse[1], et je ne sais ce qui me retient de te faire payer pour le voleur.

—Si je le connaissais, je le ferais bien payer lui-même. Croyez-vous donc que c'est moi qui mange vos provisions?

—Je veux bien croire que tu n'es pas complice.

—Et moi que vous n'êtes pas le voleur.

—Insolent! Ah! poste-aux-choux[2], tu vas être puni de la bonne manière de ton impertinence!

Poste-aux-choux était le juron favori de la Colombe, et, quand il le prononçait, il était bon de se tenir sur ses gardes; poste-aux-choux était la marque d'une violente irritation, l'éclair précurseur que suivait la foudre inévitablement. Aussi Tregnan ne fut-il nullement étonné, après avoir entendu ce mot significatif, de recevoir une magnifique couple de soufflets et de coups de pied selon la formule. Et franchement la phrase qui les lui attirait était un peu vive et tout à fait malencontreuse.

—Fais bien attention, ajouta Rosso à son admonestation plus expressive, que si le vol se renouvelle, ce ne seront plus de simples taloches paternelles comme celles de tout à l'heure que tu recevras, mais bien trente coups de garrot[3]. Je ne te prends pas en traître, je t'avertis. C'est à toi d'en faire ton profit.

—Suffit, maître, on y réfléchira.

—C'est bon. Va-t-en à ton poste et sois un Argus, si c'est possible.

---

[1] *Cambuse*. Magasin des vivres.

[2] *Poste-aux-choux*. Canot qui sert au transport des provisions de bouche.

[3] *Garrot*. Bâton qui s'emploie pour serrer ou *garotter* les nœuds de corde.

—Je m'en vais. Au désir de vous revoir.

Tregnan, qui trouvait fort incompréhensible la révélation que venait de lui faire le contre-maître, s'en alla tout pensif. « Comment ces vivres ont-ils pu être enlevés, se demandait-il, quand je n'ai pas abandonné l'entre-pont un seul instant? D'ailleurs, la Colombe reste à bord aussi bien que moi, et l'un de nos matelots est constamment de garde sur le pont. Je veux être tourmenté du bourbouil[1] si je m'imagine seulement comment la chose est arrivée. Il faut que ce soit le diable en personne qui nous joue ce tour-là. J'en donne ma langue aux marsouins! mais quel qu'il soit, homme ou esprit, je jure que s'il y revient cette nuit, le voleur trouvera quelqu'un à qui parler. »

Tregnan se promit bien de ne pas s'endormir et d'employer tous les moyens pour découvrir le coupable. Fort de cette belle résolution, il se munit d'une hache de bord et d'un croc en fer qui servait à accrocher les boucles des hamacs, et se rendit à l'entre-pont. Il y couchait ordinairement sur un paquet d'étoupes, ce qu'il appelait pittoresquement se *mettre sur sa quille*. Ainsi armé de toutes pièces, et bien préparé à combattre et à vaincre le sommeil, son plus redoutable ennemi, il se cacha derrière un vieux fût, et attendit tranquillement. Mais il ne fut pas plutôt à demi couché qu'une dangereuse disposition à dormir le sollicita: pour se donner le change par des distractions faciles, il n'eût eu qu'à contempler le magnifique spectacle qui se déroulait devant ses yeux. Mais comme ce tableau n'était point nouveau pour lui, il ne tarda pas à succomber à l'irrésistible besoin de repos qui l'appesan-

---

[1] Ampoule causée par la piqûre des cousins.

tissait. Il dormait donc, et peut-être rêvait-il aux menaces peu équivoques de la Colombe, quand un bruit soudain le réveilla et lui fit relever la tête de dessus le tonneau qui lui servait d'oreiller. A la lueur d'une lampe qui brûlait dans l'entre-pont et dont un reflet lumineux pénétrait dans la cambuse, qu'aperçoit-il? Quelque chose comme une forme humaine qui se glisse avec lenteur et sans bruit dans la direction de l'approvisionnement. Ni la surprise ni la peur n'arrachèrent un cri au petit mousse, il retint même son haleine; mais s'élancer en deux bonds et la hache levée à la rencontre du voleur fut pour lui l'affaire d'un instant. A cette attaque imprévue, l'enfant pris en flagrant délit, car c'était un enfant plus petit que Tregnan, jugeant la résistance et la fuite également impossibles, se jeta précipitamment à genoux.

—Grâce, s'écria-t-il, je vous en supplie, grâce !

—Grâce, misérable larron ! Et qui es-tu?

—Je suis Jean-Louis, ne me tuez pas.

—Jean-Louis, Jean-Louis... connais pas. Qu'est-ce que c'est que ça?

—Mousse du *Pélican*, le cabotier de Tréguier.

—Et c'est sur l'*Héloïse* que tu fais le cabotage, à ce qu'il paraît?

—Oh ! ne me faites pas de mal ! je vous en prie ; grâce !

—C'est bon ; quand tu feras le télégraphe avec tes bras, cela ne dit pas ce que tu fais ici?

—Je venais, je venais...

—Parle, ou tu es mort.

Et Tregnan, en prononçant cette menace de sa plus grosse voix, brandissait sa hache au-dessus de la tête du petit malheureux, qui tremblait de tous ses membres.

—Eh bien! répondit l'enfant avec hésitation, je voulais...

—Allons, dis-le tout de suite, c'est toi qui as volé?

—Hélas! confessa le mousse en pleurant à chaudes larmes, je l'avoue, c'est moi.

—Être un voleur, à ton âge, un mousse! Ah! petit serpent, tu seras puni comme tu le mérites. On devrait te jeter dans le goulet[1] avec une pierre au cou, ou bien te briser sur la roche Mingan! Sais-tu qu'on m'a soupçonné du bel ouvrage que tu faisais dans notre cambuse! Je ne sais ce qui me retient...

—Ne me perdez pas, par pitié, au nom de mon père!

—Au nom de ton père! Comment, tu as un père, et tu voles! Oses-tu bien prononcer un pareil mot? Tu es un voleur, tu subiras le châtiment des voleurs.

—Ah! que deviendra ma mère?

—Ta mère? tu as aussi une mère! et tu la déshonores ainsi! mais tu es donc un petit brigand achevé?

— C'était pour elle, pour mon père, pour eux tous, que j'osais voler.

—C'est donc une caverne de voleurs, un nid de requins que votre famille, hein?

—Ah! elle a toujours été honnête, mais aussi toujours malheureuse. C'est la misère qui m'a conduit à mal. Mon père est un brave matelot que la chute d'un mât a rendu impotent; ma mère, retenue au lit par une maladie cruelle, ne peut travailler; quant à mes frères et sœurs, tous plus jeunes que moi, ils ne savent pas encore gagner leur vie.

[1] Bras de mer.

Je suis donc le seul qui apporte quelque chose à la maison, mais vous savez si la paye d'un mousse peut suffire à nourrir neuf personnes. Jeter un aussi maigre gain en pâture à tant d'estomacs que la faim a creusés, c'est jeter une goutte d'eau dans la mer, cela ne sert presque à rien. Je n'ai pu supporter plus longtemps un spectacle aussi déchirant, la pitié que j'ai ressentie dans les entrailles pour ces pauvres parents que la faim dévore a fait taire ma conscience, et je me suis déterminé à voler!...

—Et comment t'y es-tu pris ?

—J'ai pénétré de nuit dans la cambuse de l'*Héloïse* en m'introduisant par l'écoutille [1], et j'ai emporté tout ce que j'ai pu, mais en vivres seulement.

—Et tu n'as pas craint, si tu étais surpris, d'être traité comme un voleur ?

—Oh! que si : mais mon père, ma mère, mes petites sœurs n'avaient pas de pain, et c'est la mort que j'aurais affronté pour leur en donner. Oh! si vous pouviez être témoin de leur dénûment, vous m'excuseriez ; oui, au lieu de me condamner, vous ne pourriez que me plaindre.

—Eh bien! j'irai en effet m'assurer de la vérité de tout ce que tu me dis ; mais fais-y bien attention avant de me faire avaler une bourde...

—Oh! je vous jure que tout ce que je vous ai dit est la vérité pure!

—A la bonne heure ; car si tu m'avais menti, je le reconnaîtrais, et alors malheur à toi !

—Là-dessus, je n'ai rien à craindre.

[1] Ouverture du pont.

—C'est bien. Maintenant, va-t-en, file promptement ton nœud.

Au lieu de profiter de cette mise en liberté sans conditions, le mousse hésitait.

—Ah! ah! fit alors Tregnan, assez embarrassé lui-même, et se mettant à réfléchir, je te devine... Ces pauvres gens! Oui, ils attendent ton retour avec anxiété, avec souffrance, et ils vont ce soir s'endormir avec la faim, si tu reviens à eux les mains vides... C'est à cela que tu penses, n'est-ce pas?

—Oui, répondit Jean-Louis en baissant la tête avec confusion et en pleurant.

—Je veux que ma chétive carcasse se rompe en mille pièces sur l'écueil de la Cormorandière, si je sais comment te tirer de là. Laisse-moi donc y songer un moment.

Jean-Louis leva sur son généreux camarade ses yeux pleins de larmes; mais à travers ces larmes étincelait une espérance.

—Ma foi, dit Tregnan, après s'être consulté en silence, ma foi, je ne vois pas d'autre moyen.

—Quel moyen? demanda Jean-Louis avec vivacité.

—Ah! il faut bien que je ne trouve que celui-là, pour que je l'emploie. Écoute: moi, je n'ai pas un sou vaillant; je ne puis donc pas te secourir. Je ne saurais, dans cette circonstance, que partager ta faute et en prendre ma part de responsabilité. Mais, après tout, on ne peut pas laisser des chrétiens crever comme des phoques, et, plus tard, dès que ce sera possible, nous nous arrangerons de manière à rendre cela au capitaine. Figure-toi donc que je suis couché dans l'entre-pont, que je dors comme une torpille que je suis, fais comme si tu étais seul, prends dans la cambuse ce que tu voudras porter à tes chers affamés, et sauve-toi.

—Ah! je ne sais pas si maintenant j'oserai!...

—Veux-tu que tes petits frères te demandent à manger et que tu n'aies rien à leur présenter?

—Mais voler ici, après un pardon si généreux!...

—Oui, mais ton père, ta mère, qui ne seront pas rassasiés!

—Au lieu de me dénoncer, vous voulez me faire du bien, et je vous exposerais à de mauvais traitements, au fouet, qui sait? à la prison peut-être!

— Eh! quand je serais ferlé précieusement à fond de cale pendant quelques jours, où serait le grand mal? Voyons, faudra-t-il donc que ce soit moi qui me fâche maintenant pour que tu voles? Ah! par exemple, ce serait trop fort! Sois tranquille et fais ton affaire. »

Tregnan alla se recoucher auprès de son tonneau, comme si de rien n'était, et fit mine de s'endormir. Le pauvre mousse, qu'il avait laissé dans la cambuse, repassa bientôt auprès de lui chargé de provisions.

—Ah! que de reconnaissance je vous dois, balbutia-t-il, et si...

—Bien, bien, pas un mot de plus, interrompit Tregnan, je dors. Évite le matelot de garde sur le pont et, sans perdre une seconde, va-t'en d'ici sans bruit. Nous nous reverrons ailleurs. Allons, décampe incognito, et pas d'imprudence; car si tu tombais entre les pattes de notre douce Colombe, tu n'en serais pas quitte à bon marché, je t'en réponds, poste-aux-choux!

—Eh bien! je m'esquive; mais de moi à vous, c'est à la vie, à la mort.

—Bonne nuit et bon appétit.

—Ils souperont donc encore ce soir ! murmura le petit Jean-Louis en se glissant dans les ténèbres.

Il opéra heureusement sa retraite, et Tregnan s'endormit insoucieusement, pour tout de bon cette fois.

Le lendemain, le contre-maître vint visiter la cambuse et n'eut pas de peine à s'apercevoir qu'une nouvelle portion de vivres avait été dérobée la dernière nuit. Il prit son sifflet et en tira un son aigu. « Oh ! oh ! se dit Tregnan en l'entendant, il paraît que le papa Rosso est aujourd'hui à la tempête et à la mer brisante (orageuse); gare à moi ! je crois qu'il pourrait bien me passer un fameux grain sur la tête ! » Néanmoins il accourut.

—Bonjour, maître, lui dit-il d'un ton plein d'assurance, comment dirigez-vous le gouvernail de votre santé aujourd'hui?

—Il n'est pas question de ma santé, mais...

—Le vent fraîchit ce matin.

—Oui, mais...

—Et je ne serais pas étonné si, quand le flot nous arrivera, nous avions à recevoir un petit coup de mer assez comme il faut.

—C'est possible. Ce que je veux te dire...

—Ne croyez-vous pas qu'il serait bon d'amener les huniers [1] et de serrer les voiles hautes?

— Cela ne presse pas encore. Il paraît que....

—Ah ! nous aurons du gros temps. C'est mon avis.

—Eh ! garde tes avis, morbleu ! qui est-ce qui te les demande?

---

[1] *Huniers*. Voile du mât de hune ; le mât de hune est le mât le plus haut.

— Sans doute. Ah ! j'avais à vous faire remarquer...

— Assez de remarques, poste-aux-choux !

— Il faut bien que je vous avertisse qu'un des haubans[1] et deux des pataras[2] menacent de céder.

— On y regardera. Mais, en attendant, notre voleur ?

— Il y a aussi un des rabans d'envergure[3] qui, au moment où nous attachions les voiles à la vergue, a manqué.

— Mon voleur ? te dis-je.

— Il s'est en allé.

— Comment ! tu l'as laissé aller ?

— Qui ?

— Ce damné voleur.

— Mais non, je vous parle d'un raban.

— Eh ! poste-aux-choux ! te moques-tu de moi ou es-tu plus stupide qu'un mât de perroquet ? Est-ce que par hasard ceci te tente ?

La Colombe, en parlant, faisait le moulinet avec un bout de cordage.

— Parbleu, je devrais aimer les coups, maître Rosso, car j'ai eu le temps d'y faire mon goût depuis que vous m'en administrez si libéralement.

— Moins encore que tu n'en mérites, vaurien !

— Je suis sûr que vous m'avez donné à vous tout seul plus de coups de pied qu'il n'y a de livres de biscuit

---

[1] *Haubans.* Gros cordages qui servent à étayer les mâts sur les côtés du navire et auxquels sont adaptées les échelles de corde pour la manœuvre.

[2] *Pataras.* Faux haubans qu'on emploie pour doubler les haubans des bas-mâts, quand les mâts ont besoin d'un surcroît d'appui.

[3] *Raban.* Sangle plate servant à attacher la voile à la vergue.

au parc aux vivres et de livres de fer au parc aux boulets.

—Assez de bavardage, mousse, et répondez catégoriquement, ou je vous mets au pain et à l'eau pour quinze jours.

—C'est bon. A quoi faut-il répondre ?

—Il y a une heure que je te demande des nouvelles du voleur de provisions.

—Je ne l'ai pas vu, moi. Il n'est venu personne.

—Comment, personne ! quand il manque encore deux livres de biscuit !

—Êtes-vous bien sûr ?

—Si je suis sûr, impertinent ! Et ces débris, là, par terre, est-ce qu'ils ne témoignent pas que le voleur a encore fait main basse cette nuit ?

—Tout ce que je puis vous dire, maître, c'est que je n'ai rien vu, rien entendu.

—Ah ! c'est ainsi. Eh bien ! je t'apprendrai à voir et à entendre, et nous verrons si tu dormiras toujours aussi dur !

Le contre-maître tira de sa poche son impitoyable sifflet d'ivoire et le fit résonner d'une certaine manière, différente de la première.

Pierre le Vigoureux, le matelot de garde, parut.

—Pierre, lui dit Rosso, vous voyez-là un jeune gaillard qui n'est bon ni à rôtir ni à bouillir ; vous allez l'emmener et lui servir en conscience trente coups de corde.

—Suffit, maître, répondit le matelot. Allons, la Torpille, suis-moi ; je vais t'apprendre, pour le temps où tu seras matelot à ton tour, à corriger le mousse.

Tregnan suivit d'un air indifférent cet homme, qui était taillé sur le patron d'un athlète, et sur les formes duquel, à n'en juger que par ses bras musculeux que laissaient voir ses manches retroussées, on aurait pu modeler un Hercule.

L'exécuteur ordinaire des hautes œuvres de maître Rosso compta au patient ses trente coups de corde, pas un de plus, pas un de moins.

Tregnan subit sans plainte, sans faiblesse, ce châtiment douloureux, sinon injuste en apparence, du moins immérité. Tandis que le Vigoureux frappait à coups redoublés, le mousse fredonnait avec une indolence superbe à voir cette chanson si connue des gens de mer :

> Nous étions trois marins,
> Tra la ra! tanta liranla!
> Nous étions trois marins,
> Tous les trois en voyage.
> Tous les trois en voyage,
> Oh! gai!
> Tous les trois en voyage, etc.

Rosso passa auprès de lui au moment où la correction finissait; il fut fort surpris de trouver le mousse aussi peu abattu, mais il prit ce vrai courage pour de la fanfaronnade.

—Eh bien! lui dit-il, une autre fois dormiras-tu moins dur et seras-tu un peu plus vigilant?

Tregnan ne répondit pas; il feignit de retourner à l'entre-pont, mais il avait un autre projet en tête et il se tint aux aguets pour trouver l'instant de l'exécuter. Dès qu'il vit la Colombe rentré dans une des chambres qui se trouvaient sur l'avant et qui étaient à l'usage des maîtres du bâtiment, il quitta furtivement son poste d'observation, descendit dans l'un des canots amarrés et le fit dériver. Quelques minutes après il était grimpé à bord du *Pélican*, qui était à l'ancre à quelques mètres de l'*Héloïse*. La première personne qu'il rencontra sur le pont fut un enfant débile, maigre, mal vêtu, au teint jaune et maladif, pauvre être rabougri dont tout l'extérieur trahissait la souffrance et la misère. Le pauvre Jean-Louis, car c'était lui, à la vue de Tregnan, se trouva fort embarrassé, ne sut quelle contenance tenir, et la rougeur de la honte empourpra ses joues creuses. Quand on a l'âme honnête, on supporte difficilement au grand jour le regard de ceux à la merci desquels on se trouve pour le secret d'une action honteuse. Cette créature chétive et souffreteuse inspira au mousse de l'*Héloïse* une pitié profonde; mais, voulant soutenir son rôle jusqu'au bout, il dissimula sa compassion, et comme à une grande délicatesse de sentiments il alliait une certaine rusticité naturelle de manières, il l'apostropha d'un ton assez rude :

—Peux-tu quitter le bâtiment un quart d'heure? lui demanda-t-il.

—Peut-être, mais à quoi bon?

—Tu vas me mener chez tes parents.

—O Dieu! si vous leur dites... ils me maudiront, ils ne voudront plus me voir jamais!

—J'ai ta promesse de m'y conduire, n'est-ce pas?

—C'est vrai.

—Viens donc. Nous n'avons pas de temps à perdre.

—Oui, mais à votre tour promettez-moi...

—Pas de raisons, pas de conditions! Partons.

—Je vous obéis.

Les deux enfants gagnèrent les quais, et Jean-Louis guida la Torpille à travers les rues tristes et malsaines de la Basse-Ville, qui est le quartier le plus pauvre et le plus maussade de Brest.

Chemin faisant, Tregnan sermonna sérieusement le mousse du *Pélican*, à qui cette leçon de morale fit verser des larmes dont il lui sut gré.

—Jure-moi, lui dit-il, que tu ne reviendras jamais à bord de l'*Héloïse* pour y rien dérober et que tu ne commettras la même faute nulle part ailleurs?

—Oh! c'est de bien bon cœur que je vous jure cela. Mais vous-même disiez hier que mes parents et mes frères ne pouvaient pourtant vivre sans manger, qu'il fallait bien venir à leur secours, et vous m'avez permis d'emporter...

—Tout beau! ne nous abusons pas. Je t'ai permis, c'est vrai, mais pour cette fois seulement, parce qu'à pareille heure il n'y avait nulle autre ressource, encore ce n'est pas à titre de larcin que je t'ai laissé prendre ces vivres, mais bien comme emprunt que je me faisais fort de rembourser au plus tôt. Non, vois-tu, Jean-Louis, le vol est toujours un crime inexcusable et rien n'autorise à y arrêter même sa pensée. Plutôt que de se résoudre à une si déplorable extrémité, il faut se résigner à mourir.

—Oh! si ce n'eût été que pour moi, j'aurais en effet préféré la mort!

—Et tu aurais bien fait, car l'accomplissement du devoir mérite le sacrifice de la vie. Mais cela ne suffit pas encore; et on doit immoler jusqu'aux affections les plus sacrées et les plus vives.

Il s'interrompit pour examiner la boutique d'un bijoutier dont l'étalage était mêlé de vieux débris d'or et d'argent.

—Attends-moi un instant, dit-il à Jean-Louis : j'entre là et je reviens à toi.

Deux minutes à peine s'étaient écoulées quand il sortit en effet.

—Qu'êtes-vous allé faire dans cette boutique? demanda le mousse du *Pélican* avec une sorte d'inquiétude.

—Rien que de très-naturel, je viens de battre monnaie. Mais où en étais-je de ma petite mercuriale? Que te disais-je tout à l'heure?

—Excusez-moi, nous reprendrons plus tard l'entretien. Nous voici arrivés.

Tregnan leva les yeux et vit une masure délabrée qui avait pour porte des ais disjoints, pour vitres des carrés de papier, pour seuil une énorme pierre non taillée et posée en travers de l'huis.

—C'est là, dit Jean-Louis d'une voix tremblante ; mais avant d'entrer, dites-moi ce que vous allez leur apprendre de moi.

—Rien de mauvais, si tu veux parler franchement, sans détour ni réserve.

—Oh ! interrogez-moi.

—Est-il vrai que tes parents ignorent la provenance des aliments que tu leur apportais?

—Oh ! je le jure.

—Aucun d'eux ne le soupçonne même?

—J'atteste la divine Notre-Dame qu'ils ont toujours cru ne vivre que du produit de mon travail. Pour qu'ils ne soient pas surpris de tout ce dont je les approvisionnais, j'ai quelquefois attribué ce butin à la charité des hommes de l'équipage, et ils m'ont cru aisément; voilà tout.

—Et s'ils se fussent imaginé que tu volais?...

—Ils m'auraient chassé de cette misérable habitation pour n'avoir pas à rougir de moi.

— C'est bien, je vois que tes parents sont honnêtes....

—Et moi? repartit timidement l'enfant.

—Et peut-être toi aussi.

—Ainsi vous ne leur direz rien?

—Rien. Entrons.

Ils poussèrent la porte disloquée. Jean-Louis resta caché derrière un tas de vieux linge, et Tregnan s'avança de quelques pas dans la chambre, si l'on peut toutefois donner ce nom à une pièce humide et froide dont quatre grabats nauséabonds composaient tout l'ameublement. Un spectacle navrant s'offrit alors aux yeux attristés du mousse et le saisit au cœur. Un homme et une femme qui ressemblaient à des spectres, tant ils étaient décharnés, tant leur peau était sèche et terreuse, étaient étendus sur de la paille à demi pourrie, et auprès d'eux de malingres enfants, affaiblis par la faim, reposaient silencieux sur une couche de chiffons pleins de puanteur. Quoique le soleil ne fût levé que depuis quelques heures, il pénétrait à peine assez de jour dans ce cloaque pour qu'il fût possible de distinguer les objets.

—Est-ce toi, Jean-Louis? dit une voix à laquelle la maladie et les privations avaient ôté toute sa force et dont le timbre résonnait lugubrement.

— Ce n'est pas Jean-Louis, ma digne femme, répondit

Tregnan ; mais c'est un de ses amis qui est heureux de pouvoir vous offrir quelques secours...

—Ah ! mon charitable enfant, nous en avons bien besoin ! Mille grâces vous soient rendues.

—Cela n'en vaut pas la peine, reprit le mousse. Si je pouvais vous donner davantage, ce serait avec grand plaisir et du fond de l'âme ; mais je n'ai que cela. Je sais que mon offrande est peu de chose ; aussi, on ne vous oubliera pas.

—Ah ! mon brave mousse, s'écria le vieux matelot impotent ; Dieu vous bénira, c'est moi qui vous le prédis !...

—Bien, bien ! adieu. Au regret de vous quitter, mais il faut que je retourne à mon bord.

Jean-Louis pleurait toutes les larmes de son corps derrière la porte ; Tregnan, fort ému lui-même et qui avait peine à ne pas sangloter aussi, l'entraîna dans la rue en le prenant par le bras.

—Oh ! c'est affreux en effet ! s'écria-t-il.

Et il ajouta, mais doucement et sans l'accent du reproche :

—C'est égal, ce n'est pas encore une raison pour voler.

Ils revinrent ensemble au quai. En route, Tregnan se mit encore à chapitrer un peu son compagnon, ayant fort à cœur de détourner la conversation de certain objet ; mais ce fut en vain, et Jean-Louis trouva moyen de lui demander comment il avait pu donner un secours en argent à sa mère, lui qui la veille avait déclaré n'avoir pas un sou vaillant. Force fut alors au modeste mousse de trahir sa louable discrétion.

— Tu m'as vu entrer chez un bijoutier, répondit-il; ç'a été pour vendre une montre dont je n'ai obtenu qu'un prix minime; j'y tenais, parce que c'était la seule chose qui me vint de mon père, mais je suis bien certain que si, du ciel où il est, il pouvait connaître l'emploi que j'en ai fait, il en serait content et m'en louerait.

— Ah! Tregnan, vous êtes un ange!

— Un ange! moi? Allons donc, cette histoire! C'est un mousse que tu veux dire?

Ils arrivèrent à la mer en parlant ainsi.

— Conduis-toi bien, dit Tregnan à Jean-Louis en le quittant, et tous les jours, après le souper, tu entendras parler de moi.

Il ne fut pas plus tôt revenu à bord qu'il se trouva en face de la Colombe, qui, d'un air renfrogné et d'un ton brutal, lui demanda compte de son absence.

— Il m'est impossible, maître, de vous dire pour quel motif je suis allé à terre ce matin...

— Comment, impossible!

— Impossible; et, du reste, je suis persuadé que vous ne trouveriez pas mauvais que j'aie quitté le bâtiment un moment, si vous saviez ce que...

— Eh! c'est ce que je te demande.

— Oui, mais je ne peux pas vous le dire.

— Une fois, deux fois, c'est bien résolu, tu ne veux pas parler?

— Excusez-moi, monsieur Rosso, cela ne se peut pas.

— Ah! poste-aux-choux, je vais bien te faire voir que tu n'es qu'une huître stupide! Holà, eh! Vigoureux!

Le matelot se présenta en portant le revers de la main gauche à son chapeau ciré.

—Une douzaine de caresses de garrot à ce cadet-là, qui prend des façons de désobéissance et d'indiscipline.

—Vous allez être servi tout de suite, répondit le subalterne.

Tregnan reçut sans murmurer la correction, sous les yeux mêmes de la Colombe.

—Je crains bien, lui dit ensuite celui-ci, que tu ne sois d'accord avec le voleur et que tu ne partages les profits avec lui...

—Moi, maître Rosso! Je ne suis qu'un petit mousse dont on ne fait aucun cas, qui n'ai ni force ni taille ; félicitez-vous-en, car bien vous en prend en vérité, et, si j'avais l'honneur d'être contre-maître comme vous, la phrase que vous venez de dire, je vous la ferais, parbleu! rentrer dans la gorge.

—Oh! oh! tu fais l'homme! Eh bien, mon garçon, prends garde toi-même à ce que tu dis. Tiens, je te conseille, dans ton intérêt, de retenir ta langue.

—Vous avez raison : oui, je me calme, car je suis certain que vous regretterez tôt ou tard le mot qui vous a échappé tout à l'heure, et que vous me prierez tout le premier d'oublier une pareille insulte.

—Ah! encore!

La Colombe alla prendre, avec un grand flegme, une corde à nœuds accrochée au pied d'un mât et revint tout menaçant vers le mousse, qui ne manifesta pas la plus légère appréhension. Mais il s'apaisa promptement, se contenta de hausser les épaules, et s'éloigna en sifflant un air de son pays. Tregnan, de son côté, peu abattu par toutes ces tracasseries, s'en fut à la cambuse, tout en chantant :

> Quand j'étais chez mon père,
> Quand j'étais chez mon père,
> Petite à la... titi lariti,
>   Tonton lariton,
> Petite à la maison.

> On m'envoyait à l'herbe,
> On m'envoyait à l'herbe,
> Pour cueillir du... titi lariti,
>   Tonton lariton,
> Pour cueillir du cresson.

A partir de ce jour-là, il s'imposa sur sa ration journalière une retenue de moitié, et le soir, dès que le couvre-feu, qui sonne encore tous les jours à Brest entre sept et huit heures, se faisait entendre, il s'esquivait adroitement, montait à bord du *Pélican* et remettait à Jean-Louis une livre de pain frais et une demi-livre de viande. Ce manége ne fut soupçonné ni découvert par personne.

Inutile de dire que les vols de vivres ne se renouvelèrent plus dans la cambuse de l'*Héloïse*. Rosso remarqua qu'ils avaient cessé depuis le jour où le mousse avait reçu la fameuse correction, et cette coïncidence le frappa ; ses soupçons se réveillèrent assez naturellement, il faut en convenir, et il n'attendit plus que l'occasion de confondre celui qu'il croyait un voleur. Tregnan se ressentit malheureusement de cette disposition d'esprit du contre-maître à son égard, il eut mille rebuffades nouvelles à souffrir et il ne sut à quelle cause attribuer cette recrudescence de mauvaise humeur.

Comme la part quotidienne qu'il faisait à son camarade du *Pélican* était encore loin de suffire à l'alimentation d'une famille entière, nombreuse et affamée, il augmenta de jour en jour cette part aux dépens de la sienne et il en vint bientôt à ne presque plus rien manger du tout. Mais ses forces et sa bonne mine s'en allèrent visiblement, il devint pâle et languissant. Le contre-maître le crut malade, il eut pitié de lui, et, craignant que l'injuste accusation qu'il avait fait peser sur lui ne fût la cause du dérangement de sa santé, il s'adoucit, changea de manières envers lui et s'excusa presque de l'avoir soupçonné, ainsi que le mousse lui avait prédit que cela un jour ou l'autre arriverait. Malheureusement, l'aménité soudaine et inaccoutumée de maître Rosso ne produisit pas l'effet qu'il en attendait : Tregnan continua de s'affaiblir chaque jour davantage, et tandis qu'il allait dépérissant, la Colombe allait de son côté s'humanisant. Un jour qu'il lui témoignait les sérieuses inquiétudes que lui inspirait l'état où il le voyait :

—Tenez, maître, lui dit Tregnan, vous avez beau être quelquefois un peu brutal et par trop ferré sur l'article du garrot, j'ai toujours dit que vous n'étiez pas méchant au fond, et je crois maintenant plus que jamais que vous êtes un brave homme. Aussi, je gage qu'à ma place vous n'en auriez fait ni plus ni moins que moi.

—Mais encore, quoi? fit le contre-maître, espérant enfin savoir quelque chose.

—Que diriez-vous d'un malheureux qui aurait faim et qui volerait un pain?

—Je dirais... que c'est un voleur de pain.

—Sans doute ; mais si ce pauvre hère, quoique affamé lui-même, ne volait pas ce pain pour lui, mais bien pour son père succombant au besoin, pour sa mère s'éteignant d'inanition, pour ses sœurs et ses frères dévorés par la misère ?

—Oh ! tais-toi, la Torpille ; ça fait mal ce que tu imagines là !

—Eh bien ! c'est que justement je ne l'imagine pas : c'est une chose qui est. Et le voleur de la cambuse...

—Qu'est-ce que tu me chantes donc là ? Tu n'as ni sœurs, ni père, ni mère, toi !

—Moi ! vous croyez que c'est moi ? Encore ! Ah ! vous ne me connaissez pas, et plutôt que de voler !... Mais vous avez raison, hélas ! que trop raison : je n'ai plus, moi, de père ni de mère.

—Donc, ce n'est pas toi qui... Mais qui donc est-ce ! poste-aux-choux ! Si je le connaissais...

—Vous ne lui feriez pas plus de mal que je ne lui en ai fait, moi qui le connais. Mais tenez, c'est aujourd'hui dimanche et vous allez à terre, voulez-vous que je vous mène chez lui ?

—Pour le faire arrêter ?

—Eh ! non, mille frégates ! est-ce que vous auriez ce cœur-là, quand vous seriez cent fois plus contre-maître que vous n'êtes !

—Nous verrons, nous verrons.

—Est-ce convenu ? y venez-vous ?

—Tout de suite. Le temps d'allumer ma pipe d'écume.

Une heure après, ils heurtaient tous deux à la porte de la fétide maison dont nous avons déjà décrit l'aspect repoussant. Le tableau d'une misère si profonde, si poignante, émut le contre-maître jusqu'aux larmes : son âme en fut angoissée.

—Tenez, mes amis, dit Tregnan à ces pauvres gens, voilà un excellent homme qui s'intéresse à vous et qui vous promet de toucher au capitaine La Rose deux mots de votre situation, et soyez contents, il vous recommandera chaudement, allez !

—Ah ! nom d'une corvette, je ne demande pas mieux, dit Rosso.

Puis, tirant de sa poche un beau louis d'or :

—En attendant, ajouta-t-il, je vous laisse une pièce qui ne s'attendait pas à être si bien dépensée. Mais elle sera mieux ici qu'au cabaret.

La malheureuse famille accabla de bénédictions les deux visiteurs qui s'en retournèrent attendris et heureux.

—Ma foi, dit Rosso en revenant, je ne boirai pas aujourd'hui, j'en ai tout mon soûl, et le cœur n'y serait pas. Oh ! la pitoyable misère que tu m'as fait voir là ! Mais, au fait, dans tout cela j'ai perdu de vue le but de notre course, et nous étions venus pour trouver notre voleur de biscuit ?...

—Eh bien ! ne l'avez-vous pas deviné ?

—Ce n'est toujours pas cet homme-là, il est infirme.

—Non, mais c'est son fils, l'aîné des quatre pauvres enfants qui étaient couchés à demi nus sur la paille par ce froid humide !

—Alors, c'est une autre affaire, et, foi de Rosso, je ne puis pas lui en vouloir... je le plains bien de tout mon cœur, car ces gens-là sont dans une position !... Moi, qui ne leur suis de rien, j'en suis tout démâté.

—Je n'ai pas de peine à le croire.

—Mais tu le connais donc, toi, ce petit?

—Pardi! puisque je sais son secret.

—Et tu as reçu trente coups de corde plutôt que de le dénoncer?

—J'en aurais reçu cent!

—Ah! c'est bien, ça, Tregnan; nom d'une pipe, c'est bien tout de même!

—Il ne s'en doute pas, lui; qu'il ne le sache jamais!

—Que je m'en veux de t'avoir pris pour ce voleur!

—Voleur... ne l'appelez plus ainsi, voulez-vous, maître? Il ne volera plus jamais de sa vie, allez, c'est moi qui vous en réponds.

Ils revinrent à bord et y trouvèrent le capitaine La Rose qui avait voulu faire une courte inspection du bâtiment et donner quelques ordres au contre-maître. Il avait attendu la Colombe, et lui demanda, à son retour, d'où il venait. Rosso n'eut garde de laisser échapper l'occasion, et il raconta au capitaine sa visite à la pauvre famille.

—Il est malaisé, lui dit-il, d'imaginer une détresse plus grande, c'est un vrai crève-cœur, et je prends la liberté, capitaine, d'appeler votre attention et vos bontés sur ces infortunés. Comme je viens d'avoir l'honneur de vous le dire, c'est Tregnan qui m'a fait faire cette découverte-là, et, pendant que je suis sur ce chapitre, il faut que je vous signale en même temps le dévouement et la belle conduite de ce garçon qui n'a l'air de rien, mais qui n'en deviendra pas moins un fier homme. Tu as beau me faire des signes, mon petit la Torpille, et me pousser le coude, tu ne m'empêcheras pas de parler.

Sans tenir compte de la pantomime suppliante de Tregnan, Rosso, jaloux d'ailleurs de faire oublier et pardonner ses persécutions passées, alla jusqu'au bout et fit une apologie complète du mousse.

Le capitaine écouta fort attentivement ce récit, en fut vivement touché, et ne put retenir même deux larmes qui coulèrent sur sa joue hâlée.

—Je me souviendrai de ce que je viens d'entendre, dit-il. Je vous remercie, monsieur Rosso, de me l'avoir raconté. Mon garçon, voici pour toi.

Il lui présenta sa bourse qui, à en juger par sa rotondité, se trouvait fort bien garnie.

—Pour moi tout cela, capitaine? J'accepte, car ce sera pour eux. Merci, oh! merci!

—A propos, capitaine, dit le contre-maître, j'ai à vous avertir que notre premier mousse nous quitte, il retourne à son pays. Je me permets de vous demander sa place pour un brave garçon.

—Vous m'en répondez?

—Comme de moi-même, capitaine.

—C'est bien. Puisque cela vous oblige, vous pouvez l'enrôler.

—Je vous suis reconnaissant, capitaine.

—Ce n'est pas tout, Tregnan, et si tu vois les pauvres gens que tu as le premier si généreusement secourus, dis-leur, pour leur faire prendre patience et courage, que le capitaine La Rose va s'occuper d'eux.

—J'irai donc tout exprès, capitaine; car ils ont bien besoin d'espérance.

Le mousse nageait dans la joie, plus heureux qu'un poisson dans l'eau. Dès que le capitaine eut quitté l'*Héloïse*, l'excellent enfant n'eut rien de plus pressé que de descendre dans une barque, d'appeler Jean-Louis, qui parut aussitôt sur le pont, et de lui jeter la bourse qu'on venait de lui donner. Le contre-maître le guettait, et, dès qu'il fut remonté, il l'accosta, mais non plus cette fois pour lui faire une avanie.

—Ah! je t'y prends aujourd'hui, lui dit-il, sournois! Tu viens de consommer encore une escapade de charité. J'avais déjà cru m'apercevoir de quelque chose, et il m'avait paru que tu avais des accointances avec le petit du *Pélican*, mais j'ignorais le fin mot de tout ce manége. Je le sais, enfin. Il est gentil, ce bambin de mousse, et nous en ferons un joli sujet!

—Surtout, au nom du ciel! qu'il ignore toujours que vous savez...

—Sois tranquille là-dessus.

—Cela lui ferait tant de peine!

—Je ne lui en ferai pas. A une condition pourtant, c'est que tu vas m'avouer que tu donnais partie ou totalité de tes rations au pauvre mousseron?

—Je l'avoue, puisqu'il le faut.

—Ah! merci de ma vie! J'aurais dû m'en douter plus tôt. Tu es le meilleur des enfants, Tregnan, et je te demande ton amitié.

—De grand cœur, maître; touchez là.

—Ah! çà, tu vas, j'espère, manger et boire à ta soif et à ton appétit, maintenant que ton protégé va être des nôtres?

—Comment! des nôtres?

—Eh! oui; cette place de premier mousse que j'ai demandée tantôt, là, devant toi, au capitaine...

—C'était pour lui?

—Et pour qui donc? Certainement, pour lui.

—O quel bonheur! Vous verrez, malgré sa faute passée, quel brave et digne enfant! et doux, et courageux! Je l'aime à présent comme un frère.

—Ce n'est pas tout; toi tu cesses d'être mousse à bord de l'*Héloïse*.

—Quoi! fit Tregnan en pâlissant; est-ce bien possible? Quand mon Jean-Louis y vient?

—Rassure-toi, tu ne seras plus mousse à notre bord, par la raison toute simple et toute bonne que tu y es matelot dès aujourd'hui.

—Matelot! moi? matelot! Ah? maître Rosso, il faut que je vous embrasse.

—Avec plaisir. Mais c'est au capitaine que tu dois ton avancement. Il a voulu te récompenser ainsi.

Le plaisir qu'éprouva Tregnan tenait du ravissement. Il se promit de rester toujours sur le même bâtiment que son ami Jean-Louis, et sa fidèle âme bretonne s'épanouissait d'aise en songeant que tous deux pourraient vieillir dans le métier sans se séparer jamais, et se protégeant toujours l'un l'autre.

Dès le lendemain Jean-Louis fut installé à bord de l'*Héloïse*, et je laisse à penser quelle fête lui fit le nouveau matelot. Deux jours après, tandis que l'équipage, revenu de terre, tout entier, commençait le chargement du trois-mâts, le capitaine s'approcha de Tregnan:

—J'ai de bonnes nouvelles à vous annoncer, mon jeune matelot, lui dit-il. J'ai songé, selon ma promesse, à la famille pauvre que vous savez, et je suis heureux d'avoir réussi dans toutes mes démarches. J'ai obtenu l'admission de la mère dans un hôpital. Le père va entrer dans un atelier de cordages où, quoique infirme, il pourra se livrer à de certains travaux qui ne le gêneront pas, et ses enfants y trouveront également une occupation lucrative dans la mesure de leurs forces et de leur savoir-faire.

Entendant ce que disait le capitaine, un enfant qui descendait de la hune se mit à pleurer à chaudes larmes.

— Contiens ta joie, mon Jean-Louis, lui glissa Tregnan à l'oreille, tu ferais savoir ce qu'il faut cacher.

— Qu'est-ce que cela signifie? demanda le capitaine étonné.

— C'est le petit voleur, lui répondit tout bas le contre-maître : ce sera un excellent mousse !

Alphonse Duchesne.

Mlle NANON ET SON CHIEN

Anecdote véritable.

QUEL est celui de vous, mes jeunes amis, qui souvent ne s'est arrêté devant l'exposition pittoresque de Martinet ou devant celle d'Aubert, pour y regarder ces charges spirituelles et naïves dues au génie observateur des Charlet, des Daumier?

Charlet, surtout, qui a peint avec tant de vérité les vicissitudes des Jean-Jean, leur piquante gaucherie et leur mots heureux. Ces charmants tableaux, crayonnés avec tant de bonheur, on les a vus en action sur les boulevards, au Jardin des Plantes, enfin partout où les militaires portent leurs pas. En prêtant l'oreille aux conversations de ces futurs héros, on riait de souvenir, car on les avait déjà entendues; on avait déjà vu ces bonnes et comiques figures à l'étalage de Martinet.

Plus d'un écolier avait, en les regardant, oublié l'heure du collége; et même plus d'une jeune fille, lançant en passant un coup d'œil furtif, regrettait que l'austère convenance ne permît pas à une demoiselle de s'arrêter pour prendre sa part de ce gai spectacle gratis.

Parmi la nombreuse et inimitable collection de Charlet, qui n'a remarqué ce bon Jean-Jean caressant son chien? L'animal, avec intelligence et tendresse, regarde son maître, et des lèvres de celui-ci s'échappe cette exclamation qui, sous l'apparence d'une naïveté, renferme une leçon sévère : *A vrai dire, ce qu'il y a de meilleur dans l'homme, c'est le chien !*

Dans le fait, Jean-Jean a raison; l'on ne trouve pas souvent des hommes qui aient le dévouement et l'attachement d'un chien. Je sais une foule de traits à la gloire de ceux-ci qui feraient rougir les humains, et, choisissant entre mille, je veux vous conter une anecdote tout récemment arrivée.

Suivez-moi, mes amis, je vous conduis à quelques kilomètres de Paris, dans le joli village de Fontenay-aux-Roses. Les radieuses fleurs qui lui donnent son nom et viennent ajouter un charme de plus à son riant aspect ont vu s'effeuiller leur couronne; le feuillage même qui les abritait est tombé de leurs rameaux épineux, et les champs ont perdu leur plus gracieuse parure.

Aussi, la plupart de ceux que l'été avait attirés dans les riantes villas qui peuplent le coteau sont revenus à Paris; les maisons, veuves de leurs habitants, sont plus tristes encore que les jardins qui les entourent; car, dans les jardins, quelques roses du Bengale, quelques chrysanthèmes, quelques soucis, ont été oubliés par l'hiver, et les prairies déroulent toujours leurs verts tapis. Qu'un beau soleil de février vienne darder ses brillants rayons, vous voyez cette pâle nature se ranimer, et vous comprenez qu'on puisse se plaire à la campagne, même en hiver. Que serait-ce donc si vous aimiez l'étude de la science? Alors vous trouveriez que seulement à la campagne on peut travailler avec calme et sans distraction.

Mais je vous parle de science, d'étude, et le temps seul vous révélera le charme de ces deux mots et leur pouvoir magique pour tout animer autour de vous et donner du prix aux moindres choses de la nature.

En attendant, sonnons à cette petite porte verte. L'ami que je viens visiter trouve son bonheur dans l'étude de la science, et ne quitterait pas sa chère solitude pour tous les plaisirs de la ville.

On tarde à nous ouvrir, regardons au travers de la grille : la maisonnette avec ses persiennes vertes et sa façade tapissée de rosiers, est bien placée entre cour et jardin. Ce jardin paraît peuplé de beaux arbres; voici les têtes rougeâtres d'une longue allée de tilleuls, qui doit opposer de frais ombrages aux ardeurs de l'été; par-ci, par-là, quelques peupliers à la tige élancée viennent rompre l'uniformité de cette ligne régulière. L'enclos est vaste, le terrain accidenté, la vue doit être belle ; cette habitation est vraiment charmante, et l'hôte de ces lieux doit s'y plaire.

Mais je vois enfin arriver la ménagère : elle marche à pas comptés comme un empereur romain ; à son air capable, au trousseau de clefs qui pend à sa ceinture, on devine qu'elle est la véritable maîtresse de céans ; elle ne se presse pas et nous regarde au travers de la grille avant d'ouvrir. « Qui est là ? dit-elle, ne reconnaissant pas nos figures. Monsieur n'y est pas.

— Quel malheur ! moi qui viens de Lyon et n'ai que peu de temps à rester à Paris... Mais, Mademoiselle Nanon, mes jeunes amis et moi nous avons besoin d'un moment de repos ; permettez-nous d'attendre. Mon ami rentrera peut-être pendant ce temps. D'ailleurs, nous parlerons du pays.

Mlle Nanon, s'entendant appeler par son nom, a compris qu'elle n'avait point affaire à des vagabonds, encore moins à des voleurs, mais à des compatriotes, et, pour l'amour du pays, elle ouvre la porte et nous introduit dans la maison.

La salle à manger, bien close et bien chauffée par un bon poêle, était la pièce où se tenait Mlle Nanon ; sa grande corbeille à ouvrage placée sur une table, auprès d'une porte vitrée donnant sur les jardins, témoignait de son activité. Sa chaufferette bien cirée, ainsi que tous les autres meubles, prouvaient son excessive propreté. Après quelques mots qui lui avaient fait comprendre que j'étais un ancien ami de son maître, elle offrit cordialement des rafraîchissements, et, pendant qu'elle disposait tout sur la table, les armoires, ouvertes l'une après l'autre, montrèrent son ordre parfait, que, d'ailleurs, on pouvait deviner rien qu'à l'inspection de sa personne.

Mlle Nanon est Lyonnaise ; le costume le dit, et plus encore son accent. Elle porte toujours la petite coiffe bandant le front, à barbes de dentelles retroussées ; sur une jupe de laine brune, un corset de laine noire, à manches à l'Amadis, serre sa longue taille qui, malgré ses cinquante ans, n'est point déformée. Un fichu d'indienne rouge, à ramages et à bordure, est plissé derrière le cou, tandis que les deux pointes viennent devant se croiser sous la bavette de son tablier de lin violet. Son cou est serré par la large plaque d'une chaîne formant cinq ou six rangs étagés en baldaquin.

M{}^\text{lle} Nanon a l'air de sortir d'une boîte, tant elle est proprette et bien étirée. On lui en fait compliment; elle sourit d'un air satisfait, en disant cependant qu'elle est en *sâlisson*, parce que, *Monsieur* étant absent, elle en a profité pour nettoyer à fond la maison. — Et, puisque vous êtes l'ami de mon maître, ajoute-t-elle en m'interpellant, vous devez savoir, Monsieur, que la propreté et l'ordre ne sont pas au nombre de ses vertus.

—Que voulez-vous, Nanon ! mon ami est un savant...

—Savant, savant, ça ne doit pas empêcher d'être propre; et il ne faut pas que ces *jeunesses* qui nous écoutent puissent croire que parce qu'on étudie on peut se dispenser d'avoir du soin.

—J'en conviens, repris-je; et l'auteur de toute science nous l'a prouvé par l'ordre et l'harmonie qu'il a mis dans toute la création.

M{}^\text{lle} Nanon se rengorgea à cette comparaison, et reprit toute sa bonne humeur.

Au moment où les jeunes gens commençaient à faire honneur à la collation improvisée par M{}^\text{lle} Nanon, un rideau blanc, qui entourait une chaise, vint à s'agiter, et M{}^\text{lle} Nanon de s'écrier en courant de ce côté : Ne bouge pas, mon pauvre Coro, ne bouge pas, je vais t'apporter ta part.

Le rideau ouvert laissa voir une grande corbeille

dans laquelle se trouvait couché sur un tapis un magnique chien de Terre-Neuve, placé comme un enfant dans son berceau. Sa bonne figure était accompagnée de belles grandes oreilles, couvertes d'un poil long et frisé de couleur noire contrastant avec la blancheur unique de sa robe, tandis que ses quatre pattes seulement étaient ornées de bottines aussi noires que ses oreilles. Son air malade ajoutait à l'intérêt qu'il inspirait au premier coup d'œil. Toute la société s'approcha de lui et d'un accord unanime le proclama le plus beau chien que l'on pût voir.

—Dites aussi le meilleur! reprit Mlle Nanon en le caressant.

—Comme son maître doit l'aimer! dit un des jeunes gens.

—Hum! hum! murmura Nanon, Monsieur l'aime bien; mais il aime aussi tous ses oiseaux, toutes ses paperasses, et Coro n'aime que lui. Moi, qui lui donne sa pâtée, qui le mène promener, qui le soigne, eh bien! il m'abandonnerait et laisserait la soupe la plus appétissante pour courir au moindre signe de son maître; certainement, Coro, à la place de Monsieur, n'aurait pas fait ce qu'il a fait!... Mais ce n'est pas tout d'être fidèle, attaché, il a encore une rare intelligence; je vais vous en donner des preuves.

Monsieur est un bon maître; mais quand il a la tête dans ses livres ou qu'il fait ce qu'il appelle des expériences, il ne s'occupe plus de personne, pas même de lui, et se laisserait mourir de faim si on ne le tourmentait point pour prendre ses repas. Eh bien, dans ces moments-là je n'ose l'approcher, parce qu'il se met en colère; alors, je dis à Coro, en lui montrant la table : Va chercher ton maître pour dîner. Il court droit au cabinet de Monsieur, il frappe d'abord avec sa patte un coup bien modeste, on ne répond pas; il frappe deux autres coups un peu plus forts, son maître ne dit mot; il en frappe trois, point de réponse; il ouvre alors la porte...

—Lui-même? s'écrie un des auditeurs.

—Oui, Monsieur, lui-même! reprend Nanon, il tourne le bouton fort adroitement. Coro se glisse à côté de son maître, tout surpris qu'on ose venir le déranger, il s'avance en rampant comme pour demander pardon de son audace. Monsieur qui ne voit que son chien se radoucit ; Coro pose sa tête sur les genoux de son maître en faisant entendre un petit grognement bien doux; rien encore. Il se hasarde à lécher une main, puis monte sur le bras du fauteuil en aboyant une petite fois, et si Monsieur ne le gronde pas, il apporte sa grosse patte jusque sur son papier, qu'il écarte de lui pour lui faire comprendre qu'il a assez travaillé, qu'il faut prendre du repos.

A ce trait, toutes les mains s'avancèrent à la fois pour caresser Coro qui reçut avec deux ou trois coups de langue les avances des visiteurs.—Nanon continua: Ce n'est pas tout, Monsieur va se promener au loin dans la campagne, il se dirige souvent du côté des bois d'Aunay, dans la Vallée-aux-Loups, et lorsqu'il s'attarde le soir, je présente une lanterne à Coro et je lui dis : Va chercher ton maître. Coro prend la lanterne à sa gueule, il court, court jusqu'à ce qu'il l'ait trouvé; et je vous assure que rien alors ne pourrait le détourner de sa route ; vous lui présenteriez un bon morceau, qu'il ne déposerait pas sa lanterne pour le flairer.

Que Monsieur sorte avec lui, Coro est dans une joie ! comme s'il comprenait l'honneur que lui fait son maître.

Un jour, Monsieur l'avait conduit à Paris dans plusieurs maisons où il avait à faire des visites. Coro l'avait attendu d'abord avec une grande patience, mais à la dernière station, voyant que l'heure du retour avançait, et que son maître s'oubliait un peu trop longtemps, il lui apporta son chapeau, que Monsieur avait déposé sur un meuble en entrant dans la maison. Une autre fois, Monsieur laissait tomber ses gants, Coro les ramassait et les gardait à sa gueule jusqu'à ce que, Monsieur venant à les chercher, Coro les lui présentait. Enfin je n'en finirais pas si je voulais vous raconter toutes ses gentillesses, il ne lui manque que la parole, car il sait très-bien se faire comprendre et vous entend encore mieux.

—Mais, Mademoiselle, que lui est-il arrivé à ce bon Coro? dirent à la fois les jeunes visiteurs.

—Oh! c'est une histoire qui vaut la peine d'être contée, mais avant tout et pour l'intelligence de la chose, il faut vous faire voir les lieux. Et Mlle Nanon passant devant la société, l'invita à la suivre; elle la promena, je crois avec une certaine intention, dans sa propre chambre à coucher, où respirait l'ordre et l'arrangement le plus parfaits; de là dans un joli salon meublé à la moderne avec une simplicité qui ne manquait pas d'élégance, où l'on n'aurait pu trouver un seul grain de poussière et où les rideaux d'une éclatante blancheur témoignaient qu'on les changeait souvent.

Ouvrant ensuite une porte qui donnait dans ce salon, on se trouva dans une chambre à coucher dont les meubles, les rideaux et les tentures analogues à ceux du reste de la maison, formaient avec eux une complète disparate par les taches et la poussière qui les maculaient. Sur un fauteuil, à côté du lit à peine fait, s'étalait avec complaisance une robe de chambre plus crasseuse et plus tachée que les rideaux, ornée, pour plus d'agréments, de nombreuses déchirures; les pantoufles éculées, débordées, ressemblaient à tout le reste, et les meubles de faïence à l'usage de la toilette étaient tous plus ou moins écornés.

Les visiteurs se regardaient avec surprise, mais n'osaient exprimer leur pensée, lorsque Nanon frappa le grand coup en ouvrant la porte du cabinet de travail, pièce attenante à la chambre. Cette fois ce n'était plus seulement du désordre, c'était le chaos! tout à l'entour régnaient de nombreuses cages, remplies d'oiseaux de toutes espèces, de toutes couleurs, s'exprimant chacun dans son langage; il n'y avait pas moyen de s'entendre. Des livres épars sur les meubles, sur le plancher même, des instruments de physique, des télescopes, que sais-je? enfin tout l'arsenal nécessaire à la science, se croisaient dans tous les sens, tandis que des animaux empaillés, des minéraux, des coquilles, garnissaient de nombreuses tablettes attachées aux parois de la chambre entre les bibliothèques, dont pas un livre n'était posé droit.

Mes jeunes amis, à cette vue, ne purent contenir plus longtemps leur surprise; elle éclata par de bruyantes exclamations. Nanon, satisfaite, me dit en appuyant : — Eh bien! Monsieur, avez-vous jamais vu rien de pareil? Et comprenez-vous qu'un *homme comme il faut* puisse se plaire au milieu de ce taudis? Moi, j'admire mon maître et toute sa science, mais j'aime mieux mon ignorance et ma propreté.

—Il est vrai, repris-je, que mon ami outrepasse un peu la permission qu'on accorde aux savants ; mais que voulez-vous? une passion n'est jamais raisonnable, et peut-être que vous, mademoiselle Nanon, vous poussez l'ordre jusqu'à la manie?

—Et je m'en pique! Monsieur.

—Eh bien! je suppose que plus d'une fois, dans votre ardeur de rangement, vous avez dérangé les objets de science de mon ami, et vous avez apporté le désordre là où, faute de savoir, vous ne soupçonniez pas la méthode, et je parie que mon ami, dans son humeur...

—Dites donc sa colère! car j'ai cru une fois qu'il me tuerait, parce que j'avais jeté de l'eau croupie qu'il conservait dans une fiole, de l'eau qui lui avait été apportée de l'autre monde par un marin.

—Je le crois bien, Nanon; cette eau, qui pour vous n'était que de l'eau croupie, offrait à mon ami un monde d'animalcules à étudier, et je comprends qu'après cet exploit mon ami vous a interdit à tout jamais l'entrée de sa chambre et surtout de son cabinet.

—Vous l'avez deviné: lorsque Monsieur fut calmé et revenu à sa bonté habituelle, il me dit avec douceur : « Ma pauvre Nanon, il faut que je fasse la part du feu; je t'abandonne à tout jamais le reste de la maison; tu brosseras, balayeras, essuieras tout à ton aise; mais je t'interdis l'entrée de ma chambre et de mon cabinet. Et, comme j'ouvrais la bouche, il ajouta : Je ferai mon lit, je balayerai ma chambre. Aussi, Dieu sait que ni l'un ni l'autre ne sont jamais touchés. Enfin, comme dit le proverbe, *comme on fait son lit on se couche*, et c'est son affaire... Quand je dis cela, je mens; car, vous me croirez si vous voulez, Monsieur, mais je ne puis m'accoutumer à voir mon maître dans cette malpropreté et ce désordre; cela me rend malheureuse, et si vous pouviez seulement obtenir qu'il me rendît le soin de sa chambre, au moins il coucherait dans un bon lit, aurait une robe de chambre propre et raccommodée, et je serais tranquille.

— Bonne Nanon, lui répondis-je, nous tâcherons de négocier cela.

— Mais Coro? dirent à la fois les enfants, que le chagrin de Mlle Nanon n'intéressait que faiblement.

— Ah! oui, parlons de Coro, car il est bon aussi, et je ne lui connais pas un défaut. Il n'est pas savant, c'est vrai; mais il est propre et mourrait plutôt que de faire dans la maison la moindre ordure. Ah! c'est que j'ai pu l'élever, celui-là; je l'ai eu tout petit. Et il est si obéissant, si sobre! Figurez-vous que, quand il a bien faim, je lui donnerais un gigot à garder, il n'y toucherait pas! Y a-t-il beaucoup d'humains dont on pourrait en dire autant?

— Mais contez-nous donc ce qui l'a mis dans cet état? répétèrent en chœur les jeunes gens.

— Patience, dit Mlle Nanon; il faut d'abord que je regarde s'il n'a besoin de rien; car l'innocent n'a pas la parole, il ne lui manque que cela pour être parfait. Nanon reprit le chemin de la salle à manger, et les visiteurs la suivirent; elle arrangea Coro qui, pour récompense, lui donna deux coups de langue. Elle baissa le rideau qui l'entourait en lui disant : « Dors, mon pauvre chien, dors; tu n'as rien de mieux à faire, car tu ne lis pas dans les gros livres, tu es ignorant comme ta pauvre Nanon; ce qui n'empêche pas que tu ne sois comme elle un bon serviteur, tout dévoué à son maître; et vous allez en juger, Messieurs, dit Nanon, après nous avoir donné des siéges.

Il y a quelques jours, continua-t-elle, que j'avais été obligée d'aller à Paris pour quelques emplettes d'hiver. Avant de partir je recommande à Monsieur de bien garder la maison, de ne point laisser les portes ouvertes, enfin de ne pas prendre de distractions, comme à son ordinaire, et je m'en vais. Coro me suivait en remuant la queue comme pour me dire : —Est-ce que tu ne m'emmènes pas avec toi ? —Non, lui répondis-je, non, mon pauvre Coro, il faut que tu restes pour garder la maison, pour défendre ton maître si des voleurs... A ce mot il aboya comme pour me dire : Je comprends, et s'en retourna à sa niche, d'où, sans remuer, il me regarda sortir.

Il paraît que je n'étais pas bien loin lorsqu'il prit fantaisie à Monsieur d'aller dans les champs chercher quelque petite bête pour faire des expériences avec son *miscrocope*. Mais comme il se rappelle toute mes recommandations, il prend le soin, avant de sortir, de déchaîner Coro, le lâche dans la cour et ferme la porte extérieure de l'habitation, sans s'apercevoir cependant qu'une des fenêtres du rez-de-chaussée était restée ouverte.

A son retour, Monsieur voit arriver à sa rencontre Coro tout couvert de sang ; redoutant un malheur, mon maître se précipite dans la maison en m'appelant de toutes ses forces ; ne voyant personne dans la salle à manger, il va droit à son cabinet, où il trouve les cages de ses oiseaux chéris renversées, brisées !...

Du sang et des plumes jonchant le parquet annoncent qu'un crime a été commis, mais quel est le coupable ?... Monsieur a beau chercher, il ne trouve que son chien. Celui-ci, jugeant très-bien la colère qui le domine, craint de l'avoir méritée ; et cherchant à apaiser son maître par sa soumission, le bon animal se traîne en rampant devant lui comme pour implorer sa grâce, Monsieur le croit du moins. Au museau ensanglanté de Coro sont encore attachées quelques plumes qui viennent déposer contre lui.

Mon maître n'en demande pas davantage, Coro est convaincu d'avoir croqué pour son souper les chers oiseaux que Monsieur soignait avec tant de prédilection, et Coro le payera de sa vie.

Mon maître saisit son fusil chargé de gros plomb et fait feu sur l'innocent animal qui pousse un cri plaintif, auquel répond un cri plus plaintif encore... il me semble toujours les entendre !...

J'arrivai dans le moment pour relever mon pauvre maître, qui était grièvement blessé au poignet. Le fusil avait éclaté dans sa main, et le pauvre Coro mourant s'était traîné jusqu'à lui et léchait la blessure de celui qui venait de tenter de lui ôter la vie... Cependant Monsieur essaye d'aller vers sa chambre à coucher tandis que j'apprêtais du linge pour panser sa blessure, et seulement alors il aperçut contre la porte qui conduisait à cette pièce le cadavre d'un énorme chat sauvage... Vous comprenez ce qui était arrivé ? Le chat s'était introduit par la fenêtre ouverte, avait brisé les cages et dévorait les oiseaux, quand le brave et fidèle Coro s'était élancé au secours des prisonniers. Un combat terrible s'était engagé entre lui et le maraudeur, qu'il avait fini par étrangler.

Quelques heures après, un chirurgien pansait mon maître qui, inconsolable de son injuste précipitation, priait le docteur d'examiner aussi la blessure de son chien. Enfin, grâce à une petite opération faite à tous deux pour extraire le plomb resté dans les chairs, mon bon maître a été bientôt guéri et le fidèle et bon Coro ne tardera pas à l'être.

À la fin du récit de Nanon, tout le monde se rapprocha de Coro pour le caresser, et sa bonne figure exprimait la reconnaissance. Il mit sur le bord de la corbeille sa grosse patte malade, dont il venait d'arracher avec les dents la bande qui le gênait, et regarda Nanon d'un air significatif; celle-ci s'empressa de le panser de nouveau.

Il n'en fait pas d'autres, disait-elle en disposant le linge; bien souvent la nuit il dérange ses bandages pour lécher sa plaie, sans doute, et après il vient près de mon lit me tirer avec sa bonne patte jusqu'à ce que je sois éveillée, et me donne alors sa patte malade, afin que je la bande de nouveau. Vous voyez qu'il n'a pas même besoin de la parole.

Tout le monde convint de l'intelligence de Coro, et Nanon reprit : —Jeunes gens, l'aventure de Coro ne prouve pas seulement que c'est un excellent animal tout dévoué à son maître et fidèle à son devoir, elle renferme encore une leçon qui peut vous être utile et que je vous conseille de ne jamais oublier : c'est qu'il ne faut pas juger trop légèrement ; les apparences sont souvent trompeuses et en suivant un premier mouvement on s'expose presque toujours à de longs regrets.

Fanny Richomme.

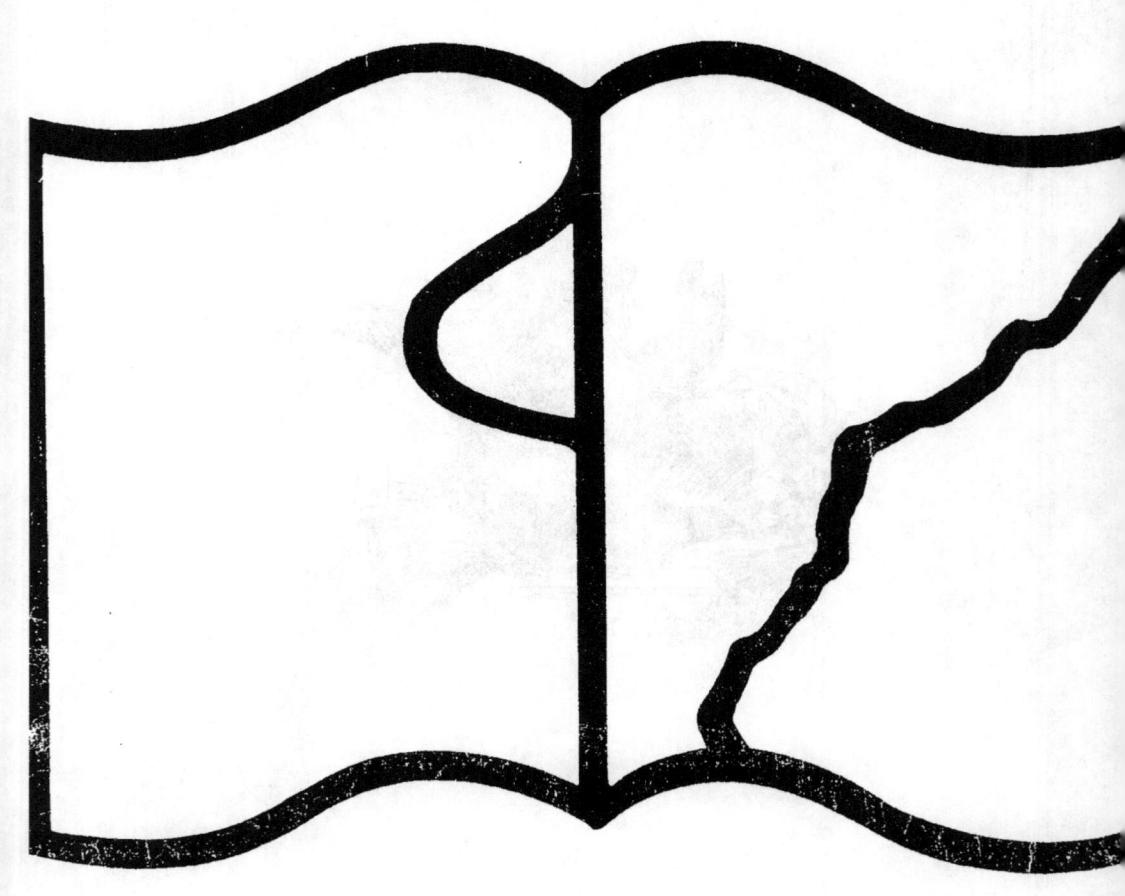

Texte détérioré — reliure défectueuse

Contraste insuffisant

NF Z 43-120-14

www.ingramcontent.com/pod-product-compliance
Lightning Source LLC
Chambersburg PA
CBHW050630170426
43200CB00008B/953